MONSIEUR

LE PRÉFET.

Les anciens appelaient figures panthées
celles qui portaient des caractères attribués à tous les dieux.

HUET.

TOME PREMIER.

Seconde Édition.

A PARIS,

CHEZ LADVOCAT, LIBRAIRE

DE S. A. R. MONSEIGNEUR LE DUC DE CHARTRES,

AU PALAIS-ROYAL.

M. DCCC. XXV.

PARIS. — IMPRIMERIE DE PAIN, RUE RACINE, N. 4, PLACE DE L'ODÉON.

MONSIEUR

LE PRÉFET

TOME I.

Les formalités exigées ayant été remplies, les contrefacteurs seront poursuivis suivant la rigueur des lois.

———

Cet ouvrage se trouve aussi à

Agen . .	chez Noubel.		Londres. .	Fossange.
Aix-la Chap.	Laruelle.			Dulau.
Angers. . . .	Fourrié-Mame.			Treuttel et Würtz.
Arras.	Topine.		Lorient. .	Caris.
Bayonne . .	Bonzom.			Fauvel.
Berlin	Schlesinger.		Lyon. . .	Bohaire.
Besançon..	Deis.			Faverio.
	Girard.			Maire.
Blois. . . .	Aucher-Éloi.		Manheim. . .	Artaria et Fontaine.
	Mme. Bergeret.		Mans.	Pesche.
	Lawalle jeune.			Chardon.
Bordeaux..	Melon.			Maswert.
	Coudert.		Marseille..	Moissy.
	Gassiot.			Camoin.
	Gayet.			Chaix.
Bourges. . .	Gilles.		Metz. . .	Devilly.
Breslau. . .	Korn.			Thiel.
	Le Fournier-Desp.		Mons. . . .	Leroux.
Brest. . .	Egasse.		Montpellier	Sevalle.
	Michel.			Gabon.
	Lecharlier.		Moscou. . . .	Fr. Ris père et fils.
Bruxelles..	Demat.		Nancy. . .	Vincenot.
	Stapleaux.		Nantes. . .	Busseuil.
	Lacrosse.			Borel.
Caen.	Mme. Belin-Lebaron.		Naples. .	Marotta et Vanspandoch.
Calais. . .	Leleux.			
Cambray. .	Giard.		Nîmes. . .	Melquiond.
Chartres. . .	Hervé.		Niort. . . .	Élies-Orillat.
Clermont-F. .	Thibaud.		Orléans. . . .	Huet-Perdoux.
	Lagier.			Duchesne.
Dijon. . .	Noellat.		Rennes. .	Moliex.
	Tussa.			Frère.
Dunkerque.	Bronner-Beauwens.		Rouen. . .	Renault.
	Létendart-Deievoye.			Dumaine-Vallée.
Florence. . .	Piatti.		Saint-Brieux.	Lemonnier.
Francfort.. .	Brœnner.		Saint-Malo. .	Rottier.
Gand. . .	Dujardin.		Saint-	C. Weyer.
	Houdin.		Pétersbourg	Saint-Florent.
Genève. .	Paschoud.		Stockholm..	Cumelin.
	Mangez-Cherbuliez.		Strasbourg. .	Levrault.
Havre. . .	Dufio.		Toulouse.	Vieusseux.
	Chapelle.			Senac.
Lausanne.	Fischer		Turin. . .	Ch. Bocca.
Leipsick. .	Grieshammer.			Pic.
Liége. . .	Desoer.		Valenciennes	Lemaître.
	Collardin.		Vienne. . . .	Shalbacherg.
Lille. . . .	Vanackère.		Warsovie..	Klusgsberg.
Limoges. .	Bargeas.		Ypres.	Gambart-Dujardin.

———

PARIS. — IMPRIMERIE DE FAIN, RUE RACINE, N°. 4,
PLACE DE L'ODÉON.

MONSIEUR

LE PRÉFET.

Les anciens appelaient figures panthées celles qui portaient des caractères attribués à tous les dieux.

HUET.

TOME PREMIER.

Seconde Édition.

A PARIS,

CHEZ LADVOCAT, LIBRAIRE

DE S. A. R. MONSEIGNEUR LE DUC DE CHARTRES.

AU PALAIS-ROYAL.

M. DCCC. XXV.

PRÉFACE.

Parmi le grand nombre de caractères que les romanciers de nos
jours ont tracés, nous avons été
surpris plus d'une fois de ne pas
trouver dessiné en tous ses détails
celui que nous avons pris pour
sujet principal de cet ouvrage. Le
personnage appelé généralement
Monsieur le Préfet, existe depuis
assez de temps; il offre des traits
trop fortement caractérisés pour
avoir pu échapper aux regards de

l'observateur : nul néanmoins encore ne s'est occupé à le peindre
en pied ; à peine a-t-on dessiné le
profil de sa figure. Il est digne cependant d'un habile pinceau ; et
lorsque dans notre faiblesse nous
avons osé l'esquisser, ce n'a été
qu'après avoir attendu le tableau
de quelque grand maître.

Ceux-ci, peut-être (qui presque tous habitent loin de la province), n'ont pu examiner atten-
tivement *Monsieur le Préfet* : à
peine l'ont-il vu passer quelquefois
dans un salon de Paris, sans autre
distinction que celle de son propre mérite ; et par conséquent ils
n'ont pas deviné que ce petit soleil, placé au centre de son tour-

billon, y acquerrait une certaine importance. Elle est considérable celle de *Monsieur le Préfet* en son département ! surtout lorsque le chef-lieu est une cité de troisième ou de quatrième classe. Là, il existe en manière de vice-roi : il a ses ministres, ses grands dignitaires et aussi ses ennemis. Là, on le flatte quand on a besoin de lui, ou l'on rit de ses ridicules, lorsqu'on veut s'établir hors de sa sphère d'attraction. Cent éloges lui plaisent moins qu'il n'est désolé par un couplet malin. Il range quiconque l'offense sur la ligne des adversaires du gouvernement ; car chaque jour il répète, à l'imitation d'un fameux monarque, *l'état c'est moi*. Sa femme, ses filles, ses proches, croient ferme- ment à l'exactitude de cet axiome, dont le dernier percepteur admire la justesse. Le même tribut de louanges qu'on adresse aux pre- miers du royaume, est pareille- ment accueilli par *Monsieur le Préfet*. Il est infaillible autant qu'un ministre à portefeuille : on ne lui trouve des torts que le lendemain de sa destitution. Il s'i- magine jusque-là mériter tous les complimens dont on l'encense; on dirait que dans sa jeunesse il n'a jamais appris la fable du baudet chargé de reliques, ou qu'il ignore le charme attaché à son habit.

Pour bien offrir au public les

divers aspects sous lesquels se présente ce personnage, il a fallu le voir de près, le poursuivre dans son intérieur, s'instruire de ses actions cachées, vivre pareillement avec ses flatteurs ordinaires. Nous pouvions mieux que tout autre prendre ce soin; nous qui, au commencement de notre existence politique, ayant possédé en raccourci l'étendue de ses attribution, avons eu comme lui nos bouffées de vanité administrative, nos louangeurs au petit pied, et qui pouvons dire enfin :

Nourri dans le sérail, j'en connais les détours.

C'est donc *Monsieur le Préfet* que nous avons voulu peindre :

nous disons *Monsieur le Préfet*, et non Messieurs les préfets ; car notre roman doit être un tableau et non une satire. Ce n'est point tel ou tel individu que nous signalons au lecteur, n'ayant uniquement personne en vue, repoussant à l'avance toute interprétation maligne, toute clef prétendue par lesquelles on expliquerait soit le principal acteur, soit les autres qui se groupent autour de lui. Lorsqu'on veut peindre un caractère, il ne faut pas le dessiner d'après un seul modèle : il faut savoir, comme un peintre célèbre de l'antiquité, composer la figure que l'on traite, des beautés ou des imperfections éparses dans

plusieurs autres du même genre.
Notre intention à cet égard a été
annoncée par l'épigraphe de cet
ouvrage. Notre *Monsieur le Préfet* est vraiment une statue Pan-
thée, revêtue des marques caracté-
ristiques de ces divinités subalter-
nes, dans la hiérarchie du pouvoir.

Mais, nous dira-t-on, pourquoi n'avoir montré *Monsieur le
Préfet* que sous un jour odieux ?
N'a-t-il pas autant de vertus que
de vices ? vous le frappez toujours,
vous ne le vantez jamais. Vous si-
gnalez ses défauts sans lui attri-
buer une seule qualité. Appelle-
riez-vous justice cette manière de
le présenter ? Ne craignez-vous

pas d'être rangé parmi ces esprits moroses, qui frondent tout sans vouloir reconnaître le bien nulle part? Ne blessez-vous pas d'ailleurs le gouvernement, quand vous peignez l'un de ses agens avec des couleurs uniquement défavorables?

Ces objections, dont nous ne dissimulons pas la force, ne sont que spécieuses, et peuvent être détruites au premier examen. Ce n'est pas ordinairement le beau côté de la nature humaine que les moralistes et les peintres de caractères s'attachent à retracer. La vertu, la sagesse brillent de leur propre éclat; assez de bouches, en les célébrant, leur rendent l'hommage qui leur est dû ; mais nos vices, nos imperfections, nos ridicules, sont les ennemis de la société qu'ils troublent sans cesse ; il faut les combattre corps à corps, afin de les détruire, s'il est possible. Il est à craindre, dans cette attaque, de porter les coups à faux, lorsque l'objet que l'on veut frapper se présente sous une double face. Molière n'a eu garde de réunir dans un même cadre l'avare et le sage dépensier. La vraie piété, dans le *Tartufe*, n'est pas mise en action pour l'opposer à l'hypocrisie. On ne fait guère contraster que deux défauts dissemblables ; ainsi la vanité extravagante et l'humilité excessive, dans la comédie du *Glorieux*; la parcimonie outrée et la profusion délirante, dans celle du *Dissipateur*. Rien ne doit faire prendre le change sur le but principal de l'auteur. Ce serait une faute d'unité que de peindre tout à la fois *Monsieur le Préfet* en deux personnages diamétralement opposés; chaque mauvaise action de l'un devrait être suivie d'un acte de vertu de l'autre; la monotonie naîtrait nécessairement de ce perpétuel et peu adroit contraste. Comment d'ailleurs, avec vérité, offrir un administrateur combattant par exemple contre la volonté ministérielle, si l'on ne fait suivre cette lutte de sa prompte disgrâce?

et s'il est destitué, ce ne sera plus *Monsieur le Préfet*. Les hommes tels que Monsieur Brault sont rares ; on les remarque, mais on ne les compte pas. A quelle classe appartiendrait en outre le bon ou le mauvais administrateur ? Faudrait-il qu'un gentilhomme fût sans défaut ? Ne donnerait-on que des vices aux roturiers ? ne serait-ce pas quatre préfets qu'il conviendrait de mettre en présence ? Deux ne suffiraient pas dans les règles de l'entière équité.

Les qualités de *Monsieur le Préfet* appartiennent d'ailleurs à l'homme, et point au fonctionnaire, tandis que ses ridicules sont les fruits de sa position : il cesse

de les avoir dès qu'il a perdu sa
place; mais ils sont du domaine
de la critique, tant qu'il possède
sa portion de l'autorité. On n'a
rien à louer, pensons-nous, en
celui qui se renferme dans les bornes données par les lois à ses attributions; alors que la matière
est ample à rire de ses manies sin-
gulières, quand il offre aux sifflets
les envahissemens de son orgueil,
ou les concussions de son avidité;
c'est le dernier individu que nous
offrons au lecteur, c'est des infir-
mités de l'âme que nous nous
sommes occupés. Peut-être dans
une autre production chercherons-
nous à présenter un préfet honnête homme et digne magistrat:

les modèles de cette figure particulière ne nous manqueront pas.
Nous connaissons plusieurs administrateurs dont nous avons pu
nous-même apprécier le mérite
public et particulier, et qui, dans
toute leur vie, n'ont jamais dévié
de la route de l'honneur.

S'il fallait se renfermer dans un
respectueux silence toutes les fois
qu'on songerait à toucher aux re-
présentans du pouvoir, ce serait
étouffer le droit consacré par la
Charte, de fronder librement les
opérations des dépositaires de l'autorité. Un seul parmi nous est sacré dans le royaume. Ses actions
n'entrent dans le domaine de l'histoire que lorsqu'il repose sous la

pierre du tombeau; car les rois,
dont on a fait des dieux pendant
leur vie, deviennent des hommes
après leur apothéose. Mais il nous
est libre de poursuivre, de nos
sarcasmes mérités, de nos accu-
sations directes, les ministres eux-
mêmes, les grands dignitaires de
la nation, les chefs de la justice.
Et certes, après ces hautes victimes que l'équité immole quelquefois, *Monsieur le Préfet* ne doit
pas être inattaquable. C'est là une
arche qui ne frappe point de mort
ceux qui osent la toucher. On
n'insulte pas une masse en dévoi-
lant la conduite d'un individu. A
plus forte raison un souverain
n'est point outragé parce qu'on

raille un de ses employés. Henri IV pouvait avoir de très-criminels, de très-ridicules agens, et les turpitudes d'un obscur Intendant n'ôtaient rien aux perfections de cet adorable prince. La maxime que nous combattons n'est soutenue que par les coupables qui redoutent le miroir de la vérité. A quelle époque la magistrature a-t-elle été plus vénérable que dans le siècle où elle ne craignait pas de condamner un chancelier de France au plus ignominieux supplice?

Après une réponse que nous croyons suffisante, nous n'avons garde cependant de nous flatter de réduire au silence ceux qui auraient intérêt à être nos adversaires. Nous placerons au premier rang tous ceux qui parleront de notre ouvrage en présence d'un *de Messieurs*; ils nous condamneront impitoyablement. Notre audace, qualifiée d'insolence, paraîtra inconcevable à plus d'un chef de bureau, à plus d'un subalterne, *ami du prince*, car *Monsieur le Préfet* en a aussi. Nous aurons encore contre nous ceux qui, au travers des lunettes de leur parti, déclarent anathème quiconque ne pense ou n'agit pas comme eux. Ils nous prodigueront les injures accoutumées. Nous serons par eux traité de jacobin, nous qui, naissant à peine

aux sanglantes époques de la révolution, et placés avant l'âge de
six ans sur la liste des émigrés,
pleurons un père immolé sous la
hache qui frappa notre saint roi.
Ils nous appelleront impie, athée
même, car tout en professant la
religion catholique, apostolique et
romaine, nous osons rire aux dépens de certaine vanité sacerdo-
tale, et voudrions que le prêtre se
consacrât aux seules fonctions de
l'autel. Ils achèveront enfin par la
plus grosse injure que l'obscuran-
tin puisse proférer ; ils nous qua-
lifieront de libéral ! et nous serons
loin de nous en plaindre, ce titre
étant à nos yeux le plus excellent
de tous. Un libéral est, selon no-

tre idée, le citoyen franchement dévoué aux institutions de son pays, qui, ayant librement accepté le pacte présenté par le monarque, se rallie au trône constitutionnel, sans regretter le passé, sans former de coupables vœux pour l'avenir; qui, égal ennemi du despotisme d'un seul comme de l'oppression révolutionnaire, croit que dans l'hérédité de la puissance, dans le concours des chambres indépendantes, repose le bonheur de la nation; qui abhorre le joug de l'étranger dont il n'invoquera jamais le secours dans ses vœux parricides, et qui, fidèle à un serment volontairement prêté, ne le trahit en aucune circonstance.

Le libéral encore aime les arts; protége le commerce, soutient l'industrie; il hait les priviléges, il veut l'égalité des droits, sans repousser la hiérarchie des rangs. La vue d'un cordon ne le met pas en fureur : il ne méprise pas les distinctions qui sont la récompense des grands services; mais il rit d'un sot qui n'a que son titre, et, dans un méchant, il ne vénère pas d'illustres aïeux. Quel que soit le culte qu'il professe, il tolère les autres; déteste la persécution, et n'entre jamais en arrangement avec les persécuteurs. Il ne s'élève point contre les idées, les goûts, les opinions qui ne sont point opposés aux lois du pays; il méprise le vice, il poursuit le crime et il recherche la vertu.

Nous avons enfin crayonné quelques ridicules aperçus çà et là dans la société, en même temps que nous avons pris indistinctement, parmi les classes diverses, les individus qui jouent un rôle en ce roman. Notre plan nous a conduit aussi à mettre en scène, d'une manière indirecte, un personnage auguste pour lequel nous professons une sincère admiration. S'il nous a fait personnellement beaucoup de mal, en fermant luimême notre carrière lorsqu'il reparut au milieu de nous, nous n'avons pas cru trouver en cette funeste erreur un motif d'être injuste à son égard. Nous voyons maintenant en lui l'espoir de la France et de la Charte constitutionnelle. Il veut le bien de tout son cœur, et, à l'exemple du grand Henri, il sut pardonner comme il avait su combattre. Nous le vîmes, à diverses reprises, apparaître dans le midi tel qu'un ange de concorde et de paix. Il adoucit les passions loin de les aigrir par ses paroles. Sans son intervention protectrice, les cent jours et ceux qui les suivirent eussent été plus sanglans. Il ne permit pas au meurtre de se montrer en sa présence, et le mal ne se fit qu'aux lieux où il n'était pas, lorsqu'il n'avait pu lui-même calmer l'exaspération des partis.

L'hommage volontaire que nous lui rendons est l'expression de nos sentimens. Jamais nous n'employâmes notre plume à vanter ce que notre âme n'admira pas. Nous laisserons à ceux de nos critiques qui voudraient être injustes, à se demander s'ils ont toujours agi de même.

MONSIEUR LE PRÉFET.

●●

CHAPITRE PREMIER.

LE DÉPART D'UN PRÉFET REMERCIÉ.

Mieux vaut goujat debout qu'empereur enterré.

La Fontaine, *Matrone d'Éphèse.*

Il y avait beaucoup de mouvement dans
l'hôtel de la préfecture de....., les domestiques allaient et venaient en grande confusion, exécutant tout de travers les
ordres qui leur étaient transmis par l'or-

gané du valet de chambre d'une puissance qui venait de finir. Il n'existait
plus de respect pour le représentant du
ci-devant maître ; le dernier des valets
marchait fièrement à côté de lui ; nul ce
jour-là, dès le matin, ne se montra empressé à prévenir ses volontés ; le portier
seul lui offrit la prise du macouba de la
régie ; accoutumé qu'il était à voir paraître et tomber les exécuteurs obligés
des fantaisies ministérielles : seul, dans
cette vaste maison, il semblait inamovible ;
il la regardait peut-être comme sa pro-
priété, et messieurs les préfets étaient, à
ses yeux, des locataires incommodes,
dont il se délivrait à la fin du terme.

Cependant on continuait à ouvrir et
fermer avec bruit les portes des divers
appartemens ; on descendait dans la cour
un grand nombre de malles et de caisses,
qui étaient aussitôt arrangées sur plusieurs fourgons ; c'était enfin un démé-

nagement en règle; monsieur le préfet venait d'être remercié, et, pour ne point attendre son successeur, il lui laissait la place nette. Le *Moniteur* de la veille lui avait annoncé sa mésaventure; la méritait-il? nous ne l'affirmerons pas. Tout ce qu'on a pu savoir, c'est que des plaintes nombreuses, portées contre lui, encombraient les bureaux du ministère, et vraiment il y en avait de bien importantes!

C'était un singulier homme que ce préfet! il recevait avec une égale politesse tous ceux qui avaient à lui parler. Il fit asseoir un jour dans son cabinet une marchande d'avoine auprès d'une marquise d'autrefois; on croit même (ce que nous n'assurons pas) qu'il lui donna un fauteuil tout semblable. Jamais, lorsqu'il examinait une affaire, il ne songeait à connaître ceux qu'elle intéressait, ne s'occupant que du soin de chercher où était le bon droit. On assure que des missionnaires, prêchant dans son chef-lieu, ne le virent jamais à leurs pieux exercices; « Qui bien travaille, bien prie, » disait-il, avec sincérité. Il eût pu faire l'un et l'autre. Il protégeait l'enseignement mutuel et n'avait pas voulu se prêter à l'établissement des pères de la foi.

Certes, de pareils griefs n'étaient guère excusables; surtout si l'on ajoute qu'à ces étourderies, il avait joint la distraction d'oublier qu'un protecteur en sous-ordre est indispensable auprès du ministère. aucun employé n'avait reçu des marques positives de son souvenir; aussi cabalait-on contre lui sans qu'il s'en doutât; nul ne lui rendait un service d'ami, et l'esprit de parti, ou se taisait sur son compte, ou tout à son aise intriguait contre lui.

Le ministre, dont les intentions étaient bonnes, avait seul lutté contre l'orage. Il lisait la correspondance de l'administrateur, elle annonçait un homme versé dans la connaissance des affaires, et il voyait en place tant de gens qui n'étaient que titrés !! mais force fut à lui de céder à la fin. Il fallait une préfecture au neveu d'une comtesse qui allait souvent au château ; dès lors monsieur le Préfet dut être congédié ; on destina son poste à celui que le protégé voulait remplacer. Mais comme le ministre était juste, il écrivit au destitué une lettre très-flatteuse, en le nommant vice-président du bureau de bienfaisance de la ville qu'il allait habiter. Tant dans ce siècle on récompense magnifiquement ceux qui n'ont que leur seul mérite pour recommandation ou pour appui !

Une destitution ne plaît jamais, quelle que soit la grâce mise à nous en faire part : monsieur le Préfet, malgré sa philosophie, en éprouva une légère émotion ; il la cacha dans son sein, continua de signer le travail de ce jour, et nomma pour remplir ses fonctions, non le doyen du conseil de

préfecture, qui était un sot, mais le dernier de ce corps, jeune homme rempli
de talens, qui cependant ne devait sa
place qu'aux sollicitations d'un personnage
en faveur. Ce soin rempli, monsieur le
Préfet employa plusieurs heures à écrire
pour son successeur diverses notes importantes : il les remit soigneusement ca-
chetées au conseiller de préfecture Marvel,
et puis commanda que sa chaise de poste
fût prête le lendemain matin à huit heures. Il n'avait à emmener ni femme ni enfans ; il était veuf, ses fils étaient au
collége. Dès lors tous ses instans lui ap-
partenaient, et, comme en faisant les affaires du roi, il n'avait pas négligé le soin
de sa fortune patrimoniale, que chaque
semaine les comptes de sa maison étaient
soldés, il ne fut pas retenu comme en
ôtage par des créanciers effrayés, dans
une demeure qui n'était plus à lui.

La veille du jour où éclata le bruit de

sa disgrâce, une foule nombreuse remplissait son salon. A lui seul étaient rendus tous les hommages. Le lendemain, après la fatale nouvelle reçue, son cortége ordinaire se dispersa subitement. Presque tous ses amis furent détournés de leurs visites journalières, par des circonstances que leur cœur ne pouvait prévoir. L'un garda la chambre à cause d'une soudaine indisposition; l'autre ne devait pas quitter le berceau d'une petite fille, qui la veille terminait sa convalescence. Celui-ci partit pour la campagne; celui-là courut voir un cousin dont il avait presque oublié le nom. Deux ou trois individus sur le nombre se présentèrent dans le cabinet préfectoral : c'était un savant respectable qui n'oubliait pas qu'à monsieur le préfet il devait la charge de bibliothécaire de la ville, objet de sa modeste ambition. Un Ecclésiastique qui servait Dieu sans se mêler des querelles des hommes, et un gentilhomme qui n'avait émigré qu'après avoir vu périr sur l'échafaud son roi, qu'il défendait encore au 10 août 1792.

Parmi les fonctionnaires publics il y en eut également qui se dispensèrent de la visite obligée des adieux. Un libéral mal intentionné remarqua que c'étaient ceux qui dînaient le plus souvent à la préfecture. On dit toujours avec raison que les Ventres sont ingrats, on ne les voit fidèles qu'à la nappe. Dans la foule de *ces messieurs*, on ne compta pas le maire de la ville. Celui-ci encore n'était pas de ces personnages qu'on rencontre si communément dans le monde ; il croyait que son titre l'obligeait à prendre plus les intérêts de sa commune, que ceux du pouvoir ministériel. Sans cesse occupé du soin de bien faire, il ne laissait pas fouler le peuple, répoussant les demandes indiscrètes, refusant de faire contribuer le trésor municipal aux souscriptions dont l'utilité

ne lui était pas démontrée ; ne flattant
personne, voulant être le maître dans
son administration, il trouvait ce rôle
préférable à celui de marcher à la suite
de quelques hommes et de leurs petites
passions.

Le général commandant le département imita l'exemple du maire. Il avait
aidé, durant vingt ans, à vaincre tous
les souverains de l'Europe, sans songer
qu'il faisait mal ; chacun de ses grades
était devenu le prix d'une belle action,
beaucoup n'en pourraient dire autant,
quoique leur avancément ait été plus rapide. Il estimait le préfet destitué ; l'un
et l'autre s'étaient vus au commencement
de leur carrière, partant de ce qu'on appelle le bas étage de la société, qui est
presque toujours le plus utile, pour arriver au premier rang. Leur élévation eut
lieu à une époque où, si l'intrigue avait
quelque crédit, les talens en avaient bien

davantage, où la France connaissait tous
ceux qui la gouvernaient, par leurs actions ou leur mérite; et où l'on ne fut jamais
récompensé à l'avance, des services qu'on
pourrait rendre dans l'avenir.

La majorité des employés à la préfecture suivit l'exemple de la ville. Ces
messieurs oublièrent leur dernier devoir
envers le magistrat remercié. Il est de
règle dans le monde qu'on ne doit rien
aux disgraciés. Tout ce qu'on leur accorde
est une faveur à laquelle ils n'ont aucun
droit ; car le malheur est un crime pour
la plupart des hommes. Seul, le secrétaire
général, plus habile personnage, crut
qu'il ne lui coûterait rien de témoigner
à l'ex-préfet une douleur qu'il n'éprouvait pas. On ne sait, disait-il, ce que l'a-
venir nous réserve ; et tel soleil tombé,
souvent est remis en lumière. Il composa
son maintien, poussa de profonds sou-
pirs et serra une main que l'administra-

teur, dont encore il n'était pas bien connu, lui tendit en signe d'amitié, car il n'a-
vait montré devant lui, sous un jour
défavorable, que sa patibulaire figure.
Son âme répondait-elle à ce fâcheux
extérieur? L'avenir le découvrira, attendu qu'il a bien éclairci d'autres
choses.

Impassible à l'ingratitude des uns,
touché des marques de bienveillance des
autres, l'ex-fonctionnaire se reposant sur
la droiture de ses intentions, sur le bien
qu'il avait pu faire, vit arriver avec tranquillité la fin de la journée. Ses appartemens furent un peu déserts ce soir-là, il
le savait à l'avance. Il ne remarqua qu'une
absence, celle du Chef de la gendarmerie.
Nous pourrions bien dire ici pourquoi,
mais n'avons-nous pas assez tracé de
portraits? Réservons quelques coups de
pinceau pour les autres chapitres. Un Gendarme d'ailleurs ne se perd pas, on le re-

trouve toujours, le mouvement étant son essence, et le nôtre se remuait beaucoup. Déja fort avancé dans sa carrière, il ne voulait pas s'arrêter sur le chemin.

L'heure du départ approchait, les commis, au milieu de l'agitation générale, oubliaient celle d'entrer dans les bureaux. Ceux qui avaient encore quelque chose à espérer du préfet, l'attendaient dans son antichambre. Déja les chevaux de poste, attelés à la voiture piaffaient d'impatience ; le postillon osait jurer contre le retard. La porte du cabinet s'ouvre, monsieur le Préfet, accompagné du conseiller Marvel, sort et s'achemine vers la cour. Un murmure qu'élèvent les curieux amateurs de ces sortes d'évènemens, annoncent sa venue ; il fait ses adieux au public, dit un mot d'estime à son *interim*, l'embrasse avec affection et monte dans la calèche qui l'attendait. La portière se ferme, le signal est donné, on part, et

la sentinelle placée au grand portail, oublie ou néglige de présenter les armes.
L'étoile de l'honneur décorait pourtant
celui qui s'éloignait ; mais un homme en
disgrâce déchoit même dans l'opinion
d'un simple soldat.

[illegible]
[illegible]
[illegible]
[illegible]
[illegible]
[illegible]
[illegible]

[illegible]

CHAPITRE II.

━━●●●━━

LE CONSEIL DE PRÉFECTURE.

> C'est un affront fait à la qualité.
>
> VOLTAIRE, *Nanine.*

QUATRE conseillers formaient le conseil de préfecture; nous avons le temps
de les faire connaître, le nouveau préfet
n'arrive pas encore. Le vicomte de Courtmartel était le doyen de ce corps respectable; né en 1750, mousquetaire noir

à 15 ans, il avait reçu la brillante et solide instruction des anciens membres de
ce corps. Son éducation était parfaite, il
savait faire des armes en élève de Saint-
Georges, connaissait les qualités d'un
cheval du premier coup d'œil; pouvait
dans un cas pressant réciter sa généalo-
gie et savait par cœur le nom de toutes
les familles nobles de sa province, dignes
d'être admises à l'inappréciable honneur
de monter dans les carrosses du roi. Il
avait du reste un profond mépris pour
les belles-lettres; mépris qui eût pu passer pour de la haine, et qui datait du 1er.
avril 1778. Ce jour-là, ou plutôt le soir
de cette journée, le vicomte poudré avec
goût, habillé en vrai sylphe, avait conduit à la Comédie Française la marquise
de Nolcour, beauté fort à la mode. Il espérait jouir de l'envie générale de tous
ses camarades; éclipser le brillant duc de
Lauzun, et séduire toutes les femmes;

hélas! un incident, qui depuis ne s'est jamais renouvellé, anéantit les justes es-
pérances du beau mousquetaire. Un
homme de rien, sans titres, sans aïeux
connus, était aussi venu au spectacle, et
les Parisiens, sottement enchantés, ne
s'occupaient que de lui ; c'était Voltaire
assistant à la troisième représentation
d'Irène.

Le vicomte, se doutant à peine du succès qu'un vilain pouvait avoir, étalait
en vain les grâces de sa tournure, et la
coupe de son habit taillé dans le dernier
goût. Ni ses éclats de rire, ni ses gestes
variés, ne firent de l'effet. Vaincu par
un poëte, forcé de s'en apercevoir, le
mousquetaire jura de coopérer à la ruine
de la littérature. Depuis lors il cessa de
lire le *Journal de Paris* ; et ne se montra
dans aucune salle de spectacle, si ce n'é-
tait à celle de l'Opéra, parce qu'il n'entendait pas les paroles. Réformé avec sa

compagnie par le comte de Saint-Germain, il s'était donné de plein droit le titre de capitaine de cavalerie, et, après avoir boudé les Muses, il bouda encore la cour. La révolution commença, et dès le 15 juillet 1789 il partit pour l'Allemagne. Il était à Vienne quand les trois héros du nom de Condé se battaient sur le Rhin ; il se rendit auprès d'eux, lors de la dissolution des compagnies nobles. Un jour il forma le plan d'aller combatre dans la Vendée, et un mois après il se trouva à Saint-Pétersbourg. Sa fortune n'existait plus bien avant la révolution ; aussi mieux que tout autre, restant fidèle à ses principes, il ne rentra en France qu'après la première restauration. Le roi, comme on le voit, était très-redevable au vicomte ; si bien que ce dernier en arrivant, demanda, dit-on, la charge de grand-écuyer de la couronne. Mais comme on ne savait pas alors si le prince de Lambesc,

qui en était revêtu, y renoncerait, on offrit
en place au vieux mousquetaire le titre
de conseiller de préfecture qu'il accepta,
se rappelant d'avoir lu dans son jeune
âge, que Marius s'était reposé sur les rui-
nes de Carthage. En 1814 il était le dernier du conseil ; mais, l'an suivant ayant
été productif en destitutions, il se trouva
le doyen de ce corps respectable.

M. Raymond venait après lui : ancien
négociant, assez heureux pour échapper
aux désastres des banqueroutes, il avait
placé ses fonds en quittant le commerce
sur des biens nationaux, appartenant,
soit à des émigrés, soit à une cathédrale;
zélé partisan de tous ceux qui nous ont
gouvernés, il fut par conséquent zélé ser-
viteur de la cause royale : il allait néanmoins changer de sentiment vers le milieu
du mois de juin 1815, lorsque les événe-
mens de Waterloo raffermirent son amour
pour la famille de Saint-Louis.

Le troisième conseiller de préfecture était un bon bourgeois, ancien officier de gobelet du roi Louis XVI, et qui pour son bonheur avait recouvré sa charge lors de la première restauration. M. Montmiral faisait partie de la cour, il ne le laissait ignorer à nul de ceux qui l'approchaient. Heureux dans sa gloire, ce brave homme en concevait quelque peu de fierté. Si au château il paraissait néanmoins modeste, comme en province il savait se relever, quand vers l'automne il allait passer quelques jours dans *sa terre !* là, jamais il ne manquait le dimanche de venir à la messe du village en grande tenue : la coiffure à l'oiseau royal parait sa tête féodale. Son habit de costume était brodé plus que ne le voulait l'ordonnance. Il plaçait son épée en broche, afin de rappeler qu'il ne datait pas d'à-présent. Les bas blancs, les souliers à talons rouges complétaient la parure, et

si par hasard le bedeau, justement ébloui
de tant de splendeur, lui apportait la première corne du pain offert, sa joie était
au comble, sa taille s'élevait, son regard
était plus digne, tant-il se voyait supérieur
à tout ce qui l'environnait! et peut-être
dans son cœur disait-il, à l'instar de l'é-
vêque de Noyon, (Clermont-Tonnerre) :
le ciel regarderait à deux fois avant de
damner un officier de gobelet de la bouche du roi de France.

Quant au dernier des membres du
conseil, on le connaît déjà. Fils d'un médecin habile, lui-même érudit, plein de
talens, il n'était pas au-dessous de sa
place, et cependant ce n'était pas sans
difficulté qu'il l'avait obtenue. Peut-être
n'eût-il jamais revêtu l'habit magistral,
si une de ses tantes n'avait eu pour con-
fesseur l'*omnis homo* de la grande au-
mônerie. Ses collègues, affligés de sa supériorité, le détestaient ; on le croira

sans peine. Chaque fois que, révoltés
contre lui, ils décidaient d'une manière
opposée à ses conclusions, leurs arrêtés
étaient régulièrement cassés; ce qui con-
trariait passablement la dignité de l'officier de gobelet et du ci-devant mousquetaire. Lui seul était admis à la décision
des affaires importantes. Le vicomte s'en
consolait, en répétant sans cesse : Le fils
de mon médecin aujourd'hui mon égal !
on l'écoute et je dois me taire ! Ah ! Charte
inutile ! Ah ! maudit gouvernement repré-
sentatif !

L'ex-préfet venait de partir, et voilà
le doyen du conseil de préfecture qui sur-
le-champ convoque ses collègues en assemblée extraordinaire. M. Marvel fut
étonné de cette démarche inconsidérée ;
mais plein de respect pour l'âge de Courtmartel, excusant aussi ses ridicules, il se
rendit à un appel enlevé à ses attributions.

La séance ouverte :

« Messieurs , dit le vénérable doyen , un capitaine de cavalerie est dispensé d'être éloquent ; il lui suffit de s'exprimer avec précision. Les phrases inutiles ne servent qu'à allonger la période; et c'était un parleur bien diffus que ce Cicéron , véritable jacobin , car il a écrit en faveur d'une république. »

Malgré son amour pour la brièveté , le vicomte sentit qu'il était tombé lui-même dans le défaut qu'il reprochait à l'orateur romain : les expressions ne venaient pas au secours de son idée; il s'arrêta , et d'un air piteux regarda son quatrième collègue. Celui-ci, quelle que fût son extrême politesse , eut peine à retenir le sourire qui lui échappait; il tarda par conséquent à répondre à l'appel muet qu'on lui avait adressé , et laissa, par son silence, l'officier de la maison du roi prendre la parole.

« Je ne sais, monsieur, dit celui-ci, quel était ce Cicéron dont vous venez de parler. Je doute qu'il ait eu l'honneur de faire partie de la cour du monarque; je l'aurais connu dans ce cas, et je l'entends nommer pour la première fois. S'il a écrit en faveur de la république, que Dieu lui pardonne! Quant à moi, je n'ai rien à dire d'un homme de ce genre, et d'un temps où les officiers du roi étaient suspendus de l'exercice de leurs charges. Si cet auteur, comme je n'en doute pas, a écrit des choses suspectes, il n'y a qu'à le renvoyer devant le procureur du roi de l'arrondissement, qui sait comme on fait un bon procès à tout séditieux. »

Ce discours s'écartait encore davantage du but inconnu de la convocation. Marvel, lassé de tant de vaines harangues et redoutant de nouvelles divagations, pria le doyen, en peu de mots, de lui faire connaître dans quel but il les avait réunis.

« Je voulais en assemblant mes collègues, reprit alors le vieux mousquetaire,
prendre avec eux, en ma qualité de chef,
les mesures les plus convenables à assurer la tranquillité du département, durant le temps que l'autorité nous sera
dévolue. »

Satisfait de s'être exprimé avec tant de
clarté, il s'arrêta, et le regard de contentement qu'il laissa tomber autour de lui
n'avait plus rien de son précédent regard
de tristesse.

« Il est hors de doute, dit alors Montmiral, qu'il y a urgence, et qu'il faut
organiser sans retard la partie surtout
de la représentation; elle sera, je présume, dévolue plus particulièrement à
ceux qui la connaissent à fond; et nous
autres gens de cour, poursuivit-il en dé-
signant le vicomte, pouvons sur ce point
fournir à nos collègues d'importantes lu-
mières. »

Nous ne savons ce qui irritait le plus Courtmartel, ou de la prépondérance réelle qu'obtenait sur lui le mérite de Marvel, ou des prétentions téméraires d'un homme qui se croyait son égal parce qu'il remplissait à la cour une charge subalterne; aussi, loin de remercier Montmiral, il se contenta, par un fier sourire, de repousser toute idée d'alliance, et surtout d'acceptation d'égalité. Quant à M. Raymond, témoin indifférent des querelles de ses collègues, il ne souhaitait que l'apparence du pouvoir, croyant le pouvoir nécessaire à une considération que ni son esprit ni ses mœurs ne savaient lui mériter. Cependant, en cette circonstance, sa vanité était quelque peu flattée de tenir le premier rang, et il souriait à la pensée d'avoir sa part de la dignité préfectorale. Mais ces beaux rêves ne tardèrent pas à s'évanouir. Marvel crut alors convenable de leur faire

connaître leur véritable position ; il prit
néanmoins tous les ménagemens possi-
bles pour leur montrer que, seul investi
de l'intérim, il avait seul l'autorité qu'on
lui avait déléguée ; que ses collègues devaient s'en tenir à leurs attributions, sans
chercher inutilement à empiéter sur les
siennes. Le vicomte écouta ce discours
avec une superbe indignation, qu'il dé-
guisa de son mieux ; Montmiral, moins
politique, répliqua qu'il fallait *en écrire
en cour* ; et le sieur Raymond perdit à
l'instant l'illusion qui venait de lui faire
tant de plaisir. Le doyen, contraint de
céder à la raison, voulut au moins dis-
puter sur les accessoires : Marvel termina
le colloque en lui annonçant que lui seul
désormais convoquerait l'assemblée, lorsqu'il s'agirait des objets qui rentreraient
dans sa compétence (*Historique.*).

CHAPITRE III.

UNE ASSEMBLÉE DU BEAU MONDE DURANT L'INTÉRIM.

> Combien faut-il de sots pour faire un public ?
>
> CHAMFORT.

TANDIS que l'ambition s'agitait dans l'intérieur de la préfecture, le reste de la ville n'était pas moins ému. Le chef de la gendarmerie, dont l'économie peut-être exagérée portait souvent le public à rire à ses dépens, avait imaginé de rassembler *en cercle* chez lui les notabilités

de l'endroit. Là parurent le secrétaire
général et sa sèche moitié; les trois premiers conseillers de préfecture; le directeur des douanes, grand amateur de musique, qui posait pêle-mêle dans ses car-
tons les procès verbaux de saisie et les
partitions d'opéra, céladon antique et
mari brutal; le receveur général, habile
antiquaire, qui devait sa place aux amis
de sa femme, riche, mais parcimonieux,
et qui, n'ayant pas d'enfans, thésaurisait
pour un neveu assez méchant garçon; le
directeur des contributions, homme digne
d'être de l'autre sexe par son amour pour
le commérage et sa plaisante susceptibilité.
Là furent appelés en outre un adjoint du
maire, maquignon par excellence, d'autant meilleur royaliste qu'il avait été ci-
devant effréné jacobin; un membre de la
commission des hospices, plus occupé
d'augmenter son cabinet de curiosités que
de veiller au bien-être des pauvres; enfin

des dames choisies parmi celles qui pensaient le mieux, achevaient de composer cette réunion imposante.

Le chef de la gendarmerie, charmé de voir dans son salon très-mal éclairé une foule si bien assortie, allait des uns aux autres les complimentant sur leur aimable venue, et disputant à sa femme l'honneur de les bien recevoir : « En vérité, s'écriat-il dans un moment d'enthousiasme, on se croirait dans le salon de Monsieur le Préfet. »

Avez-vous, mes amis, frappé une des cloches qui composent un carillon? Le son, aussitôt répercuté, les fait vibrer toutes ensemble; de même, le nom du préfet prononcé reporta spontanément tous les esprits sur la destitution de la veille, et sur le départ qui avait eu lieu le matin.

« Le voilà donc remercié ce grand homme! dit avec ironie Mme. Habacuc, femme du secrétaire général; cet homme propre à tout, qui, ne trouvant pas les affaires assez compliquées, refusait constamment l'assistance de mon mari. Certes je ne le regrette point ; le département n'a pas fait une immense perte : son successeur n'aura pas fort à faire pour le remplacer dans notre affection. »

« Il connaissait pourtant bien les lois, et discutait un rapport mieux que ne l'eût fait son secrétaire, » répliqua le baron de Lanol, gentilhomme des environs, qui venait souvent au chef-lieu, et qu'on recevait avec plaisir, attendu que dépouillé de toute commune ambition, il n'effrayait pas celle des autres.

« Voilà, monsieur le baron, une belle qualité, et vraiment digne d'éloge, » dit le vicomte de Courtmartel avec un ton qui sentait l'ironie d'une lieue à la ronde.

— « Je sais bien, reprit Lanol, que ce genre de mérite vous touche peu ; mais il intéresse ceux qui ont des affaires à poursuivre. J'étais de ce nombre, et je ne sais ce qu'il en reviendra par la suite. »

— « C'était un mauvais royaliste du moins, s'écria l'adjoint à la mairie. M'avait-il proposé au ministre pour me faire obtenir la croix de la légion-d'honneur ? »

— « Vraiment, mon cher, reprit M. de Lanol, il avait grand tort; il ne connaissait peut-être pas vos droits à cette récompense, et n'avait su, de vos hauts faits, que cette fourniture de chevaux faite par vous au gouvernement, et pour laquelle ce dernier était quitte de toute reconnaissance. »

— « Allons, allons, voilà monsieur le baron qui recommence ses plaisanteries, » dit l'adjoint, en s'évadant aussitôt du salon; tant il aimait peu à entendre parler de cette malencontreuse fourniture.

— « Tout cela est bel et bon, s'écria le conseiller Montmiral; mais le préfet n'était pas aussi habile qu'on pense : d'ailleurs, par lui-même, qu'était-il? Rien, vous le savez tous. On vante ses moyens; eh bien! je vous déclare qu'il ne connaissait pas, à la cour, les fonctions de ma charge : un jour que nous en parlions, n'alla-t-il pas s'imaginer que je versais à boire au roi. Moi, tenir la bouteille! l'erreur était pitoyable! Et puis on ne craint point d'appeler bon préfet un maître ignorant de cette force (*Historique.*). »

— « Il est certain, dit alors le chef de la gendarmerie, que je n'ai jamais eu bonne opinion de ce ci-devant magistrat. Il y avait, dans ses manières, je ne sais quoi de libre, de familier, qui mettait tout le monde à son aise, sans mieux convenir pour cela à la dignité d'un préfet. »

— « Je reconnais sans peine ce grief, répliqua le baron de Lanol, et j'aime fort à l'ouïr reprocher par vous, monsieur, qui plus que tout autre avez pu savoir combien il était prévenant et affable, soit

dans le cabinet, soit en faisant les honneurs de sa table, où vous vous êtes assis
tant de fois. Ses dîners d'ailleurs m'avaient
toujours paru exempts de reproche. »

— « Aussi, vous voudrez remarquer,
répondit le cher, que je n'ai, en aucune
manière, critiqué le préfet sur le dernier point. »

— « Tout cela est à merveille, dit madame de Tersac, femme de qualité, qui
avait quelque esprit, qui connaissait le
monde de longue main, et qui se ratta-
chait à la cour de France, parce qu'une
de ses belles-sœurs avait compté au rang
des nombreuses maîtresses de Louis XV;
mais je ne pouvais souffrir un homme
assez peu galant pour refuser de venir à
mon cercle; non que j'en fusse étonnée;
car, enfin, la maison où régnait le plus
pur royalisme était celle qu'il devait éviter. Ne connaissait-il pas le rang de feu
mon époux? Ne savait-il pas que le cher

ami est mort par suite des fatigues qu'il prit après la restauration, pour assurer la rentrée du roi, quand les alliés l'eurent ramené ? Il me semble que le préfet eût pu avoir plus d'égards pour la femme d'une victime aussi intéressante de la révolution. »

— « Ah ! madame, répliqua le baron de Lanol, êtes-vous bien en droit de vous plaindre ? Si un préfet vous a négligée, rappelez-vous combien d'hommages, en revanche, vous furent adressés par votre neveu, le commissaire impérial. »

— « Baron, vous êtes insupportable ; cent fois je vous ai dit que je ne datais que du retour de notre bon roi. »

— « Vous avez donc tout oublié ? même vos représentations très-volontaires à la cour de Saint-Cloud. »

Ce sarcasme, qui frappait trop droit au cœur de madame de Tersac, demeura sans réponse.

— « Mon cher vicomte, dit la dame, en s'adressant à Courtmartel; maintenant vous voilà préfet, et par suite vous ouvrirez votre hôtel préfectoral les lundi et jeudi de chaque semaine? »

— « Je voudrais pouvoir, noble dame, vous y recevoir au gré de mes désirs; mais cet honneur ne m'appartient pas; monsieur le préfet, que certaines gens louent, n'a pas craint de me manquer essentiellement, à l'heure même de son départ. Vous croyez qu'il a nommé, pour administrer à sa place, le doyen du conseil de préfecture; non, madame, il n'a eu garde de le faire; mais il a désigné un jeune homme. M. Marvel l'emporte enfin sur un capitaine de cavalerie de mon nom et de mon âge. »

— « Notre préfet a jugé peut-être, dit alors le baron de Lanol, que l'intérim n'amènerait pas une inspection de chasseurs ou une remonte pour notre garnison. »

— « Quoi ! vicomte, s'écria madame de Tersac,

C'est ainsi qu'en partant, il vous fait ses adieux.

Ah ! vraiment le tour est infâme. Ne savait-il pas à qui vous apparteniez ? »

— « Je le lui ai dit néanmoins assez souvent. Grâces à Dieu, nous en voilà délivrés ; j'espère que son successeur nous dédommagera de nos tribulations pour la cause royale, et de tout ce que nous avons eu à souffrir pour lui. »

Il y avait, dans le salon, une riche bourgeoise tout nouvellement ennoblie qui, fière de sa beauté, et très-contente d'elle-même, supportait impatiemment la supériorité que l'âge et le rang donnaient à madame de Tersac. Elle crut la circonstance favorable pour élever autel contre autel, et elle aussi, appuyant le baron de Lanol, fit entendre sa voix en faveur du préfet renvoyé. Ce fut alors une confusion inexprimable. Les opinions étaient en présence; on se querella gracieusement : les mots malins, les épigrammes légères, les rires de satisfaction; tout fut mis en feu, et les deux rivales enfin ne s'épargnèrent pas et se déchirèrent de la meilleure façon.

Durant ce démêlé, madame Robert, femme du directeur des contributions, qui aimait à trouver dans les préfectures les agrémens qu'elle se refusait chez elle, demanda avec anxiété à Montmiral s'il était bien vrai que l'ex-magistrat eût remis aux mains de M. Marvel un paquet adressé à son successeur. L'officier de gobelet lui en donna la certitude.

« Ah ! mon Dieu ! s'écria la dame, j'espère que Monsieur le Préfet n'aura pas été assez malicieux pour nous faire tous connaître à son successeur. »

— « Entendez-vous, dit le baron à madame de Tersac, ce que vient de dire madame Robert? Voilà qu'elle a fait du chemin, et se lance dans les épigrammes. »

Ce propos ne fut ouï que de celle à qui on l'adressait, et la conversation continua.

« Vous avez là, madame, une bizarre idée, dit l'ancien mousquetaire ; ce paquet mystérieux ne peut renfermer que les secrets du gouvernement. »

— « A la bonne heure, reprit madame Robert ; ce sont choses qui nous importent peu. Mais, je ne crains pas de l'affirmer, il eût été infâme de nous désigner chacun suivant le rang d'intimité dans lequel nous étions avec lui. Rarement un fonctionnaire choisit ses amis parmi les affidés de son prédécesseur. Mon mari n'a été lié que très-superficiellement avec monsieur le Préfet, et je me flatte qu'il fera sa société intime de l'habile administrateur attendu avec tant d'impatience. Encore, si nous savions son nom, on pourrait le prévenir, lui écrire, lui offrir nos services. Aura-t-il une femme? Dans ce cas, je veux être l'amie de MA-DAME; elle verra comme je sais aimer! »

— « Elle le sait déjà, dit le baron de Lanol avec gravité; elle a été mieux que toute autre en position d'apprécier la so-lidité de votre constance. »

— « Que racontez-vous là, baron, dit madame de Tersac? Est-ce que notre nouveau préfet vous serait connu? »

— « Si je ne suis pas trompé par un correspondant assez bien instruit, j'ai son nom dans cette lettre. »

— « Est-il possible, mon cher, reprit le vicomte, que, possesseur d'une aussi importante nouvelle, vous ne soyez pas venu l'apprendre au doyen du conseil? »

— « J'observerai à M. de Courtmartel que rien d'officiel ne lui étant parvenu, je croyais dans mon humilité qu'un sim-ple citoyen aurait mauvaise grâce à se montrer mieux instruit que son supérieur. »

Le vicomte n'en savait pas assez pour bien saisir l'ironie de la réponse ; il n'y vit qu'un hommage rendu à sa prééminence. « Vous êtes bien aimable, mon digne ami ; mais pourquoi vous servir de ce mot de *citoyen ?* il doit être banni de la conversation, et vous pourriez bien vous qualifier de votre titre. »

Ceci menait droit à une dispute héraldique et politique qui eût pu ne pas sitôt finir ; et l'impatience de l'assemblée était grande de connaître le nouveau préfet. De toutes parts on demanda son nom. Madame Robert, plus empressée que les autres ; car chacun savait que le baron avait des amis, très en état de lui dire la vérité. Enfin il prononça le nom sacré, le nom magique, qui accordait toutes les qualités à un homme, auquel on les eût certainement disputées, si n'eût été l'ordonnance royale qui le mettait au-dessus de ses pairs.

—« C'est, dit le baron, M. Girmel. »

—« M. Girmel ! s'écria-t-on de tous les coins de la salle: M. Girmel, dites-vous? Qui, lui? notre ancien préfet? »

— « Ah! c'est un coup terrible! » dit d'une voix étouffée madame Robert, qui se rappelait la froide indifférence avec laquelle elle avait fait ses adieux à *sa parfaite amie*, madame Girmel, dont le mari venait d'être destitué à la suite d'une de ces rares tempêtes ministérielles, qui ont eu lieu depuis dix ans environ.

—« C'est vraiment, ajouta madame de Tersac, dont la conscience, sur le même point, n'était pas bien nette, une chose particulière, un événement bien singulier ! »

—« Quoi, dit le chef de la gendarmerie, il nous revient, cet excellent M. de Girmel! ce bon, ce digne homme, voilà par exemple un préfet! il reçoit à merveille:

grand feu chez lui , toujours bonne table ; administrateur judicieux , galant auprès du beau sexe.... »

— « J'espère , dit l'épouse alarmée de
monsieur le gendarme , que vous ne re-
commencerez pas avec lui votre cours de
libertinage. »

— « Fi ! madame de Romeval , quelle
expression employez-vous-là ? »

— « En effet , mon cher seigneur, dit le
baron , vous êtes trop prudent , et jamais
vous n'agîtes pour votre compte. Vous
avez pu aider de vos soins le préfet Girmel , mais non l'imiter dans sa vie. »

— « N'êtes-vous point en peine , ma
toute belle , dit madame de Tersac en s'a-
dressant à madame Robert , de ne pouvoir
bien expliquer à la baronne de Girmel
les causes de votre indisposition subite,
lors de la destitution de son époux ? »

— « Et vous, ma chère, il me semble que
vous fîtes par billet votre visite d'adieux.»

— « Il aurait grand tort, lui aussi, de nous en vouloir, ce bon Girmel; car nous avions tant de chagrin de le perdre, et la venue de son successeur nous occupait tant ! D'ailleurs je m'expliquerai avec l'excellente baronne, et nous saurons toujours nous entendre ensemble. »

—« Je fais attention, dit en ce moment le directeur des douanes, que notre préfet doit posséder une bonne part de la faveur de leurs EXCELLENCES, pour avoir obtenu de revenir dans son ancien département. Ne conviendrait-il point, en conséquence, de le recevoir de manière à lui prouver notre satisfaction, notre joie, j'oserais même dire notre amour ? »

—«Quant à moi, s'écria le chef de la gendarmerie Romeval, je vais commander à tous mes cavaliers de se tenir en grande tenue, de poste en poste, depuis les limites de l'arrondissement, pour escorter notre digne fonctionnaire jusque dans son hôtel.

Il mérite de ma part cette légère attention. »

—« Je suivrai votre idée, dit le directeur
des douanes ; deux brigades de mes gens
seront constamment aussi sous les armes ;
il faut nous distinguer en cette circonstance , mes amis ! M. de Girmel en est
bien digne , il a tant de crédit ! »

Chacun ajouta quelque chose à cette
proposition , le vicomte réclamait pour
lui le droit de la première harangue , le
chef du gobelet disait à demi-voix qu'un
homme de la cour devait savoir mieux
que personne régler le cérémonial de cette
solennité , et madame de Tersac ajouta
qu'elle donnerait une fête à sa maison de
campagne, pour célébrer le retour de Monsieur le Préfet. La nouvelle donnée par le
baron de Lanol détourna le cours des
idées qui s'étaient d'abord portées sur le
magistrat disgracié ; on ne songea plus à
lui , à tel point on rêvait à l'avenir. L'as-

semblée ne tarda pas à se dissoudre. Im-
patient qu'on était chacun d'aller annoncer dans la ville ce qu'on venait d'apprendre
dans le moment.

CHAPITRE IV.

LE NOUVEAU PRÉFET.

> Quel honneur ! quel bonheur !
> Ah ! monsieur le sénateur,
> Je suis votre humble serviteur.
>
> DE BÉRANGER.

M. DE GIRMEL, comme le titraient alors ses futurs administrés, n'eût pu donner parfaitement la position de son père à l'instant de sa naissance. Il y avait sur ce point un nuage assez obscur, une incertitude, que sa prudence ne cherchait pas

à dissiper. Tout ce qu'il savait parfaitement, était qu'à l'âge de sept ans on l'a-
vait mis dans un collége, où un riche
parrain payait exactement sa pension. Il
y apprit à mal lire le latin, à faire des
vers passables, comme en font tous ceux
qui, sans génie, ont de la facilité à rendre leurs idées. Il atteignait sa vingtième
année, lorsqu'on lui proposa d'entrer au
séminaire. Il accepta, parce qu'il était
paresseux, et qu'une vie sainte lui per-
mettrait de se livrer au désirable *far
niente*, si cher aux italiens et aux
abbés de ce temps. Plus tard il allait être
engagé dans les ordres sacrés, lorsque
déjà les états généraux s'assemblèrent
en 1789 : la France alors fut bouleversée
et Girmel manqua sa vocation.

Il sortait par hasard de sa demeure,
au séminaire Saint-Sulpice, le 14 juillet
de cette année, à l'instant que le peuple
de Paris, levé en masse, marchait contre

la Bastille, qui devait sous ses débris
ensevelir la monarchie de Louis XVI.
Oh! eh! M. l'abbé! s'écrièrent quelques
dames de la Halle, en se trouvant face à
face de lui, au détour de la rue du Cœur-
Volant; oh! eh! M. l'abbé! venez avec
nous à la Bastille, vous nous servirez
d'aumônier. Cette proposition ne convint
guère à Girmel; mais il envisagea le danger d'un refus, et, se faisant une vertu
de la nécessité, il suivit la foule, mou-
rant de peur en secret, et néanmoins faisant bonne contenance. Un camarade de
Hullin trouva plaisant de donner à l'abbé
une pique à tenir; alors on le crut venu
là de bonne volonté. Bravo, l'abbé,
criait-on; au premier rang, notre pro-
chain évêque! on l'échauffe, on le pousse,
on l'avance; bref, les choses tournèrent
pour lui de telle sorte, qu'il fut compté
parmi les vainqueurs de la Bastille, en
même temps qu'il perdit l'espoir du ca-

nonicat que son protecteur lui avait promis. Chassé le même soir du séminaire,
il se réfugia dans l'Hôtel-de-Ville : le
maire Bailly l'embrassa ; les honneurs de
la séance lui furent accordés. Si bien que
le jour suivant un uniforme de garde
national remplaça la soutane, et que le
petit collet, déja fort sali, fut évincé par
le brillant hausse-col.

Cette journée décida de la fortune du
futur préfet ; il se crut obligé de défendre
la cause qu'il avait d'abord servie malgré
lui. Une ode au peuple français devint
le premier fruit de sa muse. Nul ne lut
cette production, mais chaque aristocrate
l'acheta ; car les aristocrates de ce temps
étaient quelque peu effrayés, et tel qui
se dit aujourd'hui pur comme de *flint
glass*, était alors légèrement terne. Girmel se lia avec Chaumette ; il fraternisait
avec Marat, dîna deux fois chez Robespierre, et fut même, dit-on, aux gages du

conventionnel Laclos. Chacun alors avait perdu la tête.

Quelques repas, deux ou trois pièces d'or, n'auraient pas fait vivre notre ex-abbé; il chercha les moyens de se procurer une existence plus certaine. La solidité de ses opinions, le crédit de ses amis le placèrent au nombre des rédacteurs d'un journal, autant célèbre par la dimension de ses colonnes que par la longueur des raisonnemens qu'il contient. Là, Girmel, nageant en eau trouble, ne connut pas de bornes à son patriotisme. Il excusa le dix août; il osa même chanter cette abominable journée. Il ne craignit pas d'animer la rage des assassins de septembre par ses furibondes déclamations. *La mort du tyran* lui parut un bienfait, et ses calomnies contribuèrent à faire périr notre malheureuse reine. Girmel ne signait aucun de ses articles en prose, et par suite il oubliait le lendemain ce qu'il avait imprimé la veille. Terroriste en 1793, il devint modéré après le neuf thermidor : il fit un poëme sur la chute de Robespierre, et dès lors il se crut blanchi de tout le passé.

Comme il avait beaucoup crié, il demanda de hautes récompenses. Une cour venait de reconnaître la république française, Girmel fut nommé ambassadeur dans ce pays. Il s'y montra en sans-culotte, vêtu d'un pantalon et d'une veste aux trois couleurs : ce costume déplut avec quelque raison. Le souverain demanda le rappel du ministre plénipotentiaire, qui revint à Paris, où il tonna contre la noblesse, les cordons, les titres honorifiques; il éleva dans son appartement une statue aux Gracques, et fut le premier législateur qui, au dix-huit brumaire, se rangea du parti du général Bonaparte.

Celui-ci l'ayant distingué aux clameurs de son fanatisme de commande, lui donna momentanément une ambassade dans une cour du Nord; il en revint six mois après décoré d'un large cordon, et demandant une baronnie. Il l'obtint, et en outre fut nommé préfet. Devenu administrateur, Girmel se débarrassa du commun des affaires sur le secrétaire général dont nous avons parlé. Ces deux fonctionnaires ne tardèrent point à s'entendre; nous ne dirons point précisément ce qui s'en suivit, mais leurs dettes réciproques furent payées; il y eut en outre des placemens très-considérables de fonds à leur profit, sans que nulle succession leur fût échue. On remarqua seulement que tous les riches conscrits du pays étaient réformés pour une infirmité jusqu'alors soigneusement inconnue. Il y eut également des adjudications qui devinrent très-productives; des épurations qui ne donnèrent pas moins; des réintégrations qui portèrent quelque chose. On croit néanmoins que le sieur

Habacuc eut soin de prendre la meilleure part.

Le dévouement de Girmel croissait avec l'augmentation de la puissance impériale; l'entrée des alliés en France l'affaiblit de moitié, et le retour du roi fit entièrement disparaître le reste du *buonapartisme*. M. le préfet, devenu exagéré royaliste, fut à la messe, qu'il entendit à genoux pour la première fois de sa vie. Il crut de plus en Dieu, parce que c'était la croyance de la famille d'Henri IV.

Lors du débarquement de Napoléon, le 4 mars 1815, Girmel cria contre le *monstre* qui venait ébranler sa fortune et faire chanceler ses opinions : il s'arrangea néanmoins avec l'envoyé du nouveau gouvernement. Mais sa destitution ayant prévenu l'accommodement qu'il désirait, Girmel se hâta d'annoncer qu'il allait faire le voyage de Gand; il s'arrêta dans Paris, et là passait tour à tour des bureaux de la police impériale à ceux plus secrets du roi de France. Il tenait opiniâtrément aux deux systèmes, ayant juré de se décider pour celui qui triompherait. Remis après les cent jours en possession de sa préfecture, il se distingua par de nouvelles fureurs. Il en fit tant, que des gens lassés de son audace furent fouiller dans sa vie passée : on y trouva de tels méfaits, qu'on parvint à le faire destituer. Mais au bout d'un an, le crédit d'un frère ignorantin le rendit blanc comme neige : il obtint une nouvelle préfecture ; et six mois après, ainsi que nous l'avons dit, les suites d'une intrigue le ramenèrent dans celle que d'abord il avait administrée.

Tel était M. le baron de Girmel. Sa famille se composait de quatre membres ; madame de Girmel, fille d'un échevin naguère anobli ; Adolphe, leur fils, âgé alors de vingt-cinq ans ; Célénie, leur fille, jeune et vive beauté ; et un second fils nommé Georges, qui étudiait dans un petit séminaire, attendu la nécessité, disait madame de Girmel, d'avoir en ce temps un évêque dans la famille.

M. de Girmel n'avait pas oublié l'ingratitude des ci-devant amis, qu'il s'était flatté d'avoir dans son ancienne préfecture, et qui lui avaient tourné le dos au moment de sa destitution. Un seul dans le nombre lui avait offert ses services avec franchise et désintéressement ; c'était le négociant Lubert, honnête homme dans la force du terme, seul artisan de sa fortune, et qui avait l'orgueil de s'en vanter, comme s'il l'eût reçue de ses ancêtres. M. Lubert était riche, sa fille était unique, et Monsieur le Préfet songeait que son fils Adolphe était en âge de se marier ; il se promit en conséquence de traiter avec froideur la cohorte infidèle, et de se montrer rempli de bienveillance pour le digne manufacturier.

Tels furent d'abord ses projets ; il dut
néanmoins les modifier avant d'arriver
dans sa préfecture. Un pair de France en
crédit lui parla de madame de Tersac ; un
conseiller d'état lui recommanda le chef
de la gendarmerie ; et un directeur des
bureaux de police lui porta des plaintes
contre le libéralisme de Lubert. Girmel,
fortement contrarié de tout ce qu'il entendait dire, promit de faire ce qu'on lui
demanda, selon l'usage, se réservant *in
petto* le droit d'agir ensuite pour le plus
grand avantage de ses intérêts. Dans la
crainte enfin qu'on ne lui liât entièrement
les mains, il se hâta de quitter Paris et
de prendre la route de sa préfecture.

A l'instant où il entrait sur le territoire
du département, voilà qu'une compagnie
de gendarmerie se présente et l'escorte.
Cette politesse de Romeval plut à Monsieur
le Préfet, et la baronne trouva la galanterie
très-aimable. Plus loin, au premier vil-

lage, la route parut coupée par un arc de
triomphe en verdure, sur lequel on pouvait lire en gros caractères cette touchante
inscription : UN BON PÈRE REVIENT PAR-
MI SES ENFANS ! Ici madame de Girmel
tira son mouchoir ; elle fondit en larmes
lorsque le maire du lieu eut comparé son
époux au roi Salomon, dans la harangue
qu'il débita, et elle à la puissante souve-
raine de Saba.

De lieue en lieue les enchantemens se
renouvelèrent : ce n'étaient partout que
des cœurs heureux, des transports d'allé-
gresse. Ici, des salves de boîtes bien ron-
flantes ; là, de modestes coups de fusils,
des festons de feuillage, des filles vêtues
de blanc présentant de beaux bouquets,
des garçons déguisés en Turcs offrant de
grosses brioches. « Vraiment, monsieur
le baron, s'écriait son aigre moitié, nous
sommes très-aimés ; il conviendra de nous
montrer aimables. »

Monsieur le Préfet ne disait mot ; mais il se rappelait qu'à son passage, lorsqu'il s'éloignait pour toujours, à ce qu'on croyait, plusieurs coups de sifflets l'avaient, dans les mêmes lieux, salué d'une musique bien différente de celle des tambourins, hautbois et clarinettes, qui lui donnaient à chaque pas l'aubade obligée.

Ce fut bien autre chose à l'approche du chef-lieu. On ne reçut pas Monsieur le Préfet sous des arceaux de construction villageoise, mais au milieu d'une magnifique rotonde, élevée deux ans auparavant pour le passage d'un prince. (*Historique.*) Les écussons de France auraient pu y être reconnus encore, si un peintre n'eût ajusté par-dessus celui de M. de Girmel, qui portait d'azur, à la tête de loup d'or, accompagné de trois étoiles de même. On l'avait placé au centre de riches trophées et d'attributs de marine, ce qui ne convenait guère à la circonstance ; car le

département de Monsieur le Préfet n'avoi-
sinait ni les côtes de l'Océan, ni celles
de la Méditerranée.

Le maire était absent, il n'eût point
souffert cette mascarade; elle était due à
l'adjoint dont nous avons parlé, qui,
plus que tout autre appréciait le nouveau
venu; car l'un et l'autre s'étaient rencon-
trés à Paris, non loin de l'Abbaye, à
une certaine époque qu'on ne peut rappeler sans horreur. Sous le pavillon étaient
rangés les autorités ou les fonctionnaires,
qui avaient l'envie de se montrer; les dames mêlées dans leur nombre, agitaient
leurs mouchoirs blancs, criant un peu, *vive
le roi!* mais à tue-tête, *vive Monsieur le
Préfet!* et *vive madame de Girmel!* ajouta
par deux fois, du ton de la plus douce
sensibilité, madame Robert, qui voulait
de nouveau briguer l'honneur de la suivre
en tous lieux, en manière de dame de
compagnie.

La baronne avait entendu sortir de la bouche d'un de nos plus aimables princes, les mots fameux, UNION ET OUBLI ; l'exemple lui avait paru bon à suivre, elle s'était promise d'ailleurs de se montrer affable et même affectueuse, pour reconnaître de son mieux le public enthousiasme ; aussi parait-elle ses lèvres d'un sourire gracieux, et multiplia les saluts de tête et d'éventail. « C'est bien, très-bien, mes bons amis ! disait-elle. Mesdames, je suis heureuse, satisfaite de vous revoir. J'aimais le pays, j'y reviens avec bonheur!» En même temps elle nommait chaque dame ; demandait à l'une des nouvelles de son fils ; parlait à l'autre de sa perruche. Elle se souvenait de tout ; elle n'oublia ni le directeur de celle-ci, ni le bichon de celle-là.

Monsieur le Préfet, avec un plus grave sourire, représentait également de son côté. Rien n'était enlevé à sa dignité ; tout était accordé à sa bonhomie. En arrivant dans son ancien hôtel, il rencontra sur la porte le secrétaire général en costume, et sur le haut de l'escalier le conseil de préfecture; chacun le haranguait, et tous obtenaient une gracieuse réponse. Enfin, il put parvenir à son cabinet; là, s'arrêtant, il congédia la foule par une salutation de très-bon air.

Les premiers momens qui suivirent cette pompeuse entrée, furent donnés au besoin de se reposer. Le cœur de la baronne était gonflé de joie; celui de son époux se remplissait d'une vaniteuse satisfaction. Il écoutait encore, caché derrière une fenêtre, les cris de la foule qui s'écoulait, et la musique des amateurs de la ville qui achevaient, à grand orchestre, l'air sentimental de circonstance *

Où peut-on être mieux qu'au sein de sa famille.

Monsieur le Préfet, dans sa jubilation,

oubliait que quelquefois il avait tondu à son profit les bons administrés qui se prétendaient alors ses enfans.

Cependant, à la suite de la cérémonie, l'élite ordinaire de la société s'était réunie chez Romeval. Chacun des acteurs de la ridicule scène que nous venons de décrire en partie, se félicitait du rôle qu'il avait joué, et cherchait à faire convenir ses émules qu'à lui seul le principal honneur était dû.

— « Et ! mon arc de triomphe ! disait l'adjoint. »

— « Et ! ma brigade de douaniers ? »

— « Et mes gendarmes en grande tenue ? comme ils avaient bon air autour de la voiture ! »

— « Je suis certaine que madame de Girmel aura reconnu les fleurs de mon jardin, dans le bouquet que ma fille lui a présenté avec tant de gentillesse. »

— « J'ai cru m'apercevoir, ajoutait

madame de Tersac, que la beauté de mes chevaux et l'élégance de ma calèche, ont frappé Monsieur le Préfet, quand il y est monté pour entrer en ville. J'ai été charmée de trouver cette occasion d'obliger mes concitoyens, dans la personne de leur premier magistrat. »

On causa ensuite du nouveau venu, il paraissait jouir d'une santé excellente ; la baronne avait un teint radieux, au dire de madame de Tersac, qui pouvait en décider, car elle savait comment elle faisait le sien. Après avoir long-temps débité sur le chapitre, parlé de la jolie figure de mademoiselle Célénie, de l'instruction profonde de M. le chevalier Adolphe, alors absent, on se retira ; car il y avait le même soir grand cercle à la préfecture, et nul ne voulait y manquer.

CHAPITRE V.

LES PROJETS DE MARIAGE.

> Mon cher ami, c'est demain que je
> m'encanaille.
>
> (*École des bourgeois.*)

Nous ne jugeons pas à propos de décrire tout ce qui se passa de remarqua-
ble à cette mémorable soirée. Monsieur le
Préfet accabla de marques de prévenance
tous ceux qui s'y étaient rendus ; mais il
nota sur ses tablettes tous ceux qui ne

s'y trouvèrent point. Il est certain que les gens en place s'occupent bien plus de ceux qui les fuient, que de leurs éternels complaisans. Parmi les superbes que l'on n'a point vus figurer au cercle préfectoral, on désigna dans la ville le baron de Lanol et le négociant Lubert; ni l'un ni l'autre n'étaient absens, ou malades; on s'indigna de l'impolitesse du dernier; on crut le premier bien protégé à la cour, pour n'avoir pas craint de se distinguer en cette circonstance. Girmel y avait fait attention de son côté. Si d'une part la conduite de Lubert le satisfaisait, attendu *les mauvais principes* du manufacturier; de l'autre, il se rappelait que mademoiselle Lubert était d'âge à se marier, et que naturellement elle devait prétendre à la fortune de son père.

Au milieu de ce conflit de pensées, il crut devoir réunir dans son intérieur une assemblée de famille, composée de deux conseillers; madame de Girmel qui présidait, et lui à qui elle accordait une voix consultative; car ce ménage, à part la dignité de la représentation, ressemblait au plus grand nombre des autres. Monsieur le Préfet, après avoir, durant la nuit, ruminé dans sa tête, l'objet qu'il voulait traiter, entra le lendemain matin dans la chambre de sa femme qui terminait sa toilette.

— « Eh bien ! ma belle amie, lui dit-il, en posant sur son front le baiser accoutumé, nous voilà de nouveau dans cet hôtel que nous crûmes avoir quitté à jamais, et nous devons faire en sorte de n'en point partir de long-temps. Je n'ai pas besoin de vous recommander une excessive prudence. Fermons les yeux sur le passé. Recevons ceux qui se présenteront comme si nous n'avions pas à nous en plaindre : ce sera le moyen de les détourner de nous nuire ; car il n'y a point d'ennemi plus dangereux qu'un ingrat démasqué. »

— « J'ignore, répartit madame de Girmel, avec une légère apparence d'aigreur, le motif qui vous porte à mé donner de pareils avis : ma conduite, durant toute la journée d'hier, aurait dû vous montrer que j'avais l'art de me conduire. Je ne crois pas avoir laissé échapper une parole, un regard, je dirai même un sourire, qui n'ait été calculé dans l'intérêt de notre maison. En mettant le pied dans l'hôtel de la préfecture, j'ai tout oublié; ce ne sera pas ma faute si la masse de nos ennemis n'est pas réduite. Quant à vous, Monsieur le Préfet, cherchez de votre mieux à plaire; les hommes ont grand besoin d'étudier ce beau talent. »

— « Je reçois avec soumission, répondit Girmel, le trait malin qui termine votre réplique. Je m'étais mal expliqué, je l'avoue. Loin de venir ici vous faire des reproches, j'arrivais pour vous demander vos excellens avis et tenir conseil avec vous sur ce que nous avons à faire.»

— « Voilà ce qui s'appelle parler; aussi ne suis-je plus irritée. Asseyez-vous, mon ami ; causons à cœur ouvert ; me voilà prête à vous entendre. Voyons, par où commencerez-vous ? »

— « Ce sera par un sujet très-important, et qui nous regarde de près. Notre fils Adolphe vient d'atteindre sa vingt-cinquième année. »

— « Je vous arrête ici, mon cher. Pourquoi voulez-vous sans trêve vieillir ce pauvre garçon ? Il est né le onze décembre, nous ne sommes qu'au huit juillet; il me semble qu'il est dans sa vingt-quatrième année tout au plus, et loin d'avoir atteint à la suivante. »

— « Eh bien ! soit ; j'ai tort encore : mais je ne pense pas moins qu'il sera temps de le marier, si nous pouvons l'établir d'une manière avantageuse. »

— « En ceci, vous avez parfaitement raison. Je regrette que notre subit départ de la préfecture que nous quittons, ait apporté obstacle au projet d'union formé dans l'intérêt d'Adolphe avec la fille du général Saint-Clair ; mais j'ai promis à la générale de lui donner de mes nouvelles, et dès demain je lui écrirai. »

— » Ce n'est pas nécessaire : cette *demoiselle*, si j'en crois de bons renseignemens, doit à peine avoir cent mille écus de ses droits paternels, et j'ai en vue pour mon fils un parti de cent mille francs de rente. »

— « Et en bon père vous devez ne pas balancer, monsieur, à lui faciliter les moyens de faire cet excellent établissement. A quelle famille nous allierez-vous ? Sera-t-elle bien vue du gouvernement ? Car enfin Adolphe n'est pas notre seul enfant, et nous ne devons pas perdre pour lui les intérêts de Georges et de Célénie. »

— « Vous avez saisi avec votre sagacité ordinaire le nœud embarrassant de mon dessein. Le beau-père futur d'Adolphe a eu le malheur, ou plutôt la faiblesse, de se jeter dans un parti pour lequel il n'est point fait ; car avec sa grande fortune il eût pu être facilement anobli. Il n'est utile qu'aux misérables de se ranger maintenant parmi les libéraux. »

— « Ah ! mon ami, vous me faites frémir ; vous avez pu penser à la fille d'un constitutionnel, et vous savez toute la peine que ces gens-là nous ont donnée dernièrement ; combien nous avons à craindre qu'on nous soupçonne de les appuyer. Je sais que vous avez donné de fortes garanties au ministère actuel ; mais comme vous agîtes de même avec tous, il faut, à force de prudence, éviter qu'on ne se rappelle les antécédens. »

— « Je me suis dit tout ce que vous
me représentez ; mais cent mille francs
de rente méritent aussi qu'on leur fasse
quelques concessions ; et voilà le point sur
lequel j'insiste pour que votre génie vienne
au secours du mien. Vous savez les services que Lubert nous a rendus lors de notre destitution ; sa fortune, déjà considérable alors, n'a fait que s'accroître ;
néanmoins, voyez quel funeste coup du
sort ! plus il s'est enrichi, plus il est devenu le partisan zélé des idées anti-mo-
narchiques. Il ne rêve, m'a-t-on dit, que
la Charte, l'égalité des droits, le règne de
la loi écrite ; il hait le bon plaisir, les jé-
suites, les priviléges, et n'a pas même
daigné hier paraître dans mon salon, où
toute la ville était venue se rendre. »

— Cet oubli des bienséances eût été
une parfaite occasion de rompre avec lui
sans qu'il eût pu se plaindre, si sa fille
n'eût pas eu tant de mérite ; mais avec

ses vrais amis on doit passer l'éponge sur beaucoup de choses, et Lubert, je l'avoue, fut vraiment le nôtre dans cette fâcheuse disgrâce. Cependant, comment faire s'il ne vient pas ? Vous rapprocher de lui, l'aller voir le premier, serait une démarche dangereuse. Alléguer votre reconnaissance prouverait d'abord qu'il nous rendit des services, point qu'il ne convient pas d'avouer ; et d'ailleurs notre parti est sans tolérance sur cette faiblesse de l'âme. On ne doit rien, on est dégagé de tout envers ceux qui ne pensent pas comme nous. »

— « En vérité, c'est parler à merveille ; j'ai cru, en vous écoutant, entendre la vieille comtesse de Montplanquin. Mais, comme dit le vieux dicton, si la montagne ne s'approche pas de Mahomet, il faudra bien que Mahomet aille à la montagne. »

— « Voilà le cas difficultueux ; on

peut néanmoins le surmonter. Peut-être votre ami a-t-il quelque place ? est-il membre du bureau de bienfaisance, du conseil de ville ou de département ? Avec sa fortune, avec la considération dont il jouit, il est impossible qu'il ne tienne pas à quelque corps. »

— « Il tenait à tous ceux que vous venez de nommer ; mais on l'a remplacé au conseil de la commune comme à celui de l'hospice ; et il fut évincé de celui de département, parce qu'on voulut mettre à sa place un individu qui ne payait dans les quatre arrondissemens que le seul loyer de son appartement garni. » (*Historique.*)

— « Il est aussi indigne qu'un riche négociant s'avise de penser différemment que son premier magistrat. Allons, voilà une affaire manquée, à moins que votre valet de chambre, par étourderie, n'aille à sa porte jeter une de vos cartes, dans la distribution générale qu'il fera. »

— « Ce sera toujours le prévenir. »

— « Eh! non; les domestiques ont si peu d'adresse! Poitevin nous sert si mal! Ce sera une occasion très-commode de l'employer utilement, de le bien quereller, et de le renvoyer même si la chose, venant à éclater, faisait trop de bruit. »

— « Vous avez des ressources précieuses dans votre esprit. »

— « Aussi saurai-je conduire la préfecture. »

— « Les méchans n'ont-ils pas dit que vous le faisiez. »

— « Mais vous, homme profond, qui savez bien le contraire, les avez laissés dire en méprisant leurs sots propos. »

— « Voilà donc, grâce à une erreur, Lubert dans la nécessité de nous faire une visite! »

— « Il vient; vous l'accueillez à bras ouverts, l'engagez à dîner, et vous aurez

soin de dire à l'oreille de quelques-uns
des nôtres, qu'on vous a recommandé au
ministère de chercher à ramener l'honnête négociant. Il revient chez vous ; nous
faisons de la musique un autre jour : on
le prie de se faire accompagner de sa fille
ce soir-là. Adolphe est aimable, il chante
à merveille ; il arrive de Paris ; sa cravate,
mise dans le nouveau genre, étonnera la
jeune personne. Il donnera bientôt le ton
et les modes aux merveilleux de la ville,
on ne parlera que de lui. Dès lors placé
au premier rang, tant par sa position politique, que par ses avantages personnels,
il marchera en vainqueur à une conquête,
que nous achèverons en caressant le père.
M. Lubert a sans-doute des chevaux ; eh
bien, nous les emprunterons quand-nous
irons à la campagne, cela épargnera les
nôtres et augmentera notre intimité. Prêter ses chevaux à Monsieur le Préfet ! savez-
vous, mon ami, que c'est quelque chose

en province. De mon côté, j'entamerai avec lui le chapitre de l'opinion. Je lui montrerai en perspective les avantages qu'il retirerait de sa conversion. Je gage enfin qu'avant un mois il pensera comme nous, et sera le premier à nous proposer sa fille. »

Ainsi raisonnait madame de Girmel; se trompait-elle dans la thèse générale? non ; car la plupart des hommes ont la faiblesse de se laisser conduire par d'aussi petits moyens. Elle avait vu tant d'automates humains durant le cours de sa vie, qu'elle pouvait espérer de triompher en suivant le plan qu'elle venait de tracer. Mais, par bonheur pour la dignité de la Créature, il se trouve parmi nous quelques êtres qui sortent de la règle commune : il le faut bien, car sans cela les athées auraient trop d'avantage.

M. Lubert n'avait point paru, il est vrai, à la préfecture, le soir de la première ré-

ception solennelle ; mais son absence n'a-
vait eu pour motifs ni vanité mal placée,
ni désir de se faire remarquer. Il avait dans
le temps obligé Monsieur le Préfet ; il le
jugeait d'après son cœur, et croyant que
celui-ci préférerait l'embrasser tendre-
ment dans une visite particulière, que de
le recevoir en public, il voulut attendre,
pour venir chez le magistrat, que la foule
impatiente se fût écoulée. Sa surprise fut
grande lorsqu'il reçut la carte du préfet,
qui, de point en point, avait suivi le
conseil de sa femme. Cette preuve de souvenir toucha Lubert jusqu'au fond de
l'âme ; il y vit un empressement qui lui fit
juger Girmel sous le jour le plus favorable.

Dès lors, rempli d'impatience, à son
tour, de le voir, il ne voulut pas attendre
plus long-temps ; il prit sur l'heure son
chapeau, sa canne, et courut en toute
hâte à l'hôtel de la préfecture. Il y fut

d'autant mieux reçu que nul autre personnage ne s'y trouvait alors. Les épanchemens parurent réciproques : Monsieur le Préfet se montra confiant; madame la baronne employa toutes les ressources de son esprit; elle fut même jusqu'à proposer au négociant un dîner de famille; Lubert ne l'accepta pas au premier mot, et, la conversation changeant, il n'en fut plus question, à la grande joie du magistrat, qu'avait épouvanté l'indiscrétion de sa femme. Celle-ci devina cette terreur, jouit intérieurement de la supériorité de son génie. En offrant le repas, elle avait calculé sa phrase de manière que Lubert devait être forcé de commencer par refuser; elle eut donc l'avantage de faire la politesse sans compromettre la pureté de ses sentimens.

Lubert promit de venir quelquefois aux cercles de la préfecture : on l'engagea à se faire accompagner de sa fille;

mais ce fut dit en termes généraux, sans
que rien de particulier pût éveiller l'attention du négociant sur un point qu'on
ne devait pas expliquer encore. Ainsi se
termina cette entrevue, dans laquelle la
diplomatie de M. le préfet parut moins
profonde que celle de la baronne. Pourquoi ne nomme-t-on pas plus souvent les
dames aux ambassades ? Les princes qui
les emploiraient n'auraient pas, croyons-
nous, à se plaindre de leur avoir confié
leurs intérêts.

CHAPITRE VI.

LE VIEUX NÉGOCIANT ET LE JEUNE COLONEL.

> Il pend son épée au croc,
> De sa giberne il fait un broc :
> Vraiment la paix n'arrange guère
> La bourse du bon militaire.
>
> GARROS.

QUITTONS un instant le séjour des
grandeurs départementales ; voilà long-
temps que nous mettons à découvert le
cœur d'un préfet et de ceux qui lui res-
semblent : entrons dans la demeure d'un
simple citoyen , étranger aux variations

du ministère, sans pour cela en moins
bien servir son pays. M. Lubert, comme
nous l'avons déjà dit, était le seul artisan de sa belle fortune. Une grande envie
de parvenir, unie au besoin de l'indé-
pendance; l'amour de l'ordre, l'esprit
juste, une probité à toute épreuve, une
activité qui depuis quarante ans ne s'était
jamais relâchée, tout avait contribué à
lui faire faire un rapide chemin. Il avait,
par des spéculations multipliées et pru-
dentes, agrandi la sphère de son commerce. Il avait créé deux manufactures
qui, chacune, occupaient deux cents ouvriers, et, par suite, fournissaient à l'existence de plus d'un millier d'individus.
Aimé de ses employés, dont il était vraiment le père, vénéré du reste de ses concitoyens, il jouissait d'une considération,
toute entière son ouvrage, à laquelle les
faveurs du gouvernement ne pouvaient
rien ajouter. Lubert en était bien con-

vaincu et avait déjà, dans une circonstance, répondu à un de ces tentateurs
de conscience et séducteurs de vertu qui
lui proposait de le faire entrer dans la
classe nobiliaire : « Monsieur, j'ai toujours présent le propos d'un roi de France
à ce commerçant qu'il venait d'anoblir,
et qui se plaignait au prince de n'être
plus reçu par lui avec la même bonté que
précédemment : *Je vous regardais alors
comme le premier de votre profession,
vous n'êtes maintenant que le dernier
des gentilshommes; si je vous place toujours à votre rang, ne vous en étonnez
pas.* Ce grand monarque avait raison, et
un diplôme ne me donnerait précisément
que ce qui pourrait me faire descendre
de la position où la Providence m'a mis. »

Il ne faut pas conclure de cette réponse que Lubert fût ennemi de toutes
distinctions; il avait supporté avec peine
sa radiation de toutes les fonctions pater-

nelles que l'ancien gouvernement lui avait confiées. Il était pénible pour lui de ne pouvoir plus veiller à la conservation du bien des pauvres et à la défense de celui de ses concitoyens. Il avait eu même, dans le temps, la haute ambition d'administrer, en qualité de maire, une des communes dans lesquelles il avait de vastes propriétés ; mais son nom était proscrit dans les bureaux de la police, et on lui préféra pour cette place celui qui promettait de ne voir que par les yeux des autres et de n'agir que comme on le lui dicterait. —M. Lubert avait perdu sa femme ; une fille seule lui restait pour alléger ses regrets et assurer son bonheur. Elle se nommait Aline ; elle avait dix-huit ans, une jolie figure, une belle taille et un cœur excellent. Elle chantait à ravir, dessinait bien, dansait avec grâce ; mais elle eût quitté sans regret un bal pour aller dans une chaumière secourir le malheur. Elle était pieuse comme on l'est avec une âme aimante; elle eût pu se parer de son esprit, si elle n'eût préféré l'ornement de la modestie. Elle ne songeait à sa fortune que parce qu'elle lui facilitait les moyens d'obliger. D'autres eussent mieux brillé dans une haute assemblée; mais dans les soins d'un ménage nulle ne l'eût égalée. Avec tant de qualités, elle devait être recherchée; elle l'était en effet. Il n'était pas dans la ville une mère qui n'eût voulu l'avoir pour fille, et pas un jeune homme qui n'eût été heureux de la conduire à l'autel. Plus d'un avait déjà essayé de parler à son âme; elle n'écoutait rien: nul ne pouvait se vanter d'avoir obtenu un regard, un sourire de préférence, à moins cependant que le colonel Ernest...... Quel était ce colonel? nous demandera le lecteur; et nous, qui ne haïssons pas de peindre un caractère, nous vous apprendrons ce qui est venu à notre connaissance au sujet de ce militaire, autant aimable dans un salon qu'intrépide sur un champ de bataille.

Ernest devait le jour à un gentilhomme campagnard, qui lui-même avait passé sa vie au service. Il y perdit son bien et une bonne partie de celui de son fils, en échange d'une excellente réputation de bravoure et d'une croix de Saint-Louis dont il était fier, car il l'avait méritée. De retour dans son manoir, il appendit son épée à une poutre de la grande salle, et ne craignit pas de labourer lui-même le champ qu'il avait défendu. M. de Valtaire ne connaissait qu'une honte, celle qui résulte d'une méchante action. Ernest, son fils, fût élevé dans les mêmes principes; il aima lui aussi la patrie, et voulut à son tour s'armer pour la défendre. Ce devait être, aux yeux de certaines gens, un très-mauvais Français, car il était excellent patriote. Il ne concevait pas qu'on pût désirer la présence de l'étranger, disant qu'il valait mieux camper sur le territoire de l'ennemi que de voir celui-ci mettre à contribution nos campagnes. En conséquence, devançant l'âge de la conscription, il partit simple volontaire, et fut chercher au loin des dangers et de la gloire. Nos armées dans ce temps n'avaient pas l'usage de faire des promenades militaires; chaque lieue de terrain était vaillamment disputée : cependant elles n'avançaient pas moins rapidement; parce que les Français ne reculent jamais lorsque des héros les commandent.

Ernest avait fait un calcul de bon sens; il fallait qu'à vingt-cinq ans il fût chef de bataillon, ou que six pieds de terre lui eussent fait raison de son ambition modeste. Son début fut brillant; à la tête de son escouade (n'étant encore que sergent), il enleva une redoute et un drapeau, qu'il échangea contre quatre blessures et des épaulettes de sous-lieutenant. C'était beaucoup pour un cœur ordinaire, ce n'était pour lui qu'un degré de franchi. Il continua comme il avait commencé; et à la fin de la campagne qui, selon notre usage, fut celle de la guerre, il était lieutenant et l'étoile des braves parait sa poitrine.

Un général, ayant entendu prononcer son nom, lui demanda quel était son pays, et si son père n'avait pas servi dans l'ancien régiment du Dauphin? Sur la réponse d'Ernest, le général reconnut en lui le fils d'un de ses vieux camarades. Il lui proposa d'être son aide de camp; l'offre eût tenté beaucoup d'officiers, Ernest la refusa. Il ne voulait point quitter la ligne, tant il avait décidé de ne rien devoir qu'à lui seul. Malgré ce refus, le général ne retira point à Valtaire sa bienveillance; il ne le perdit pas de vue, il sut parler en sa faveur quand il put le faire avec justice. On protégeait toujours avec succès, dans ce temps, celui qui faisait bien. Le chef du gouvernement pouvait tout voir par lui-même, et rien n'échappait à ses regards: on le trouvait sans cesse au milieu des périls; Ernest, qu'on y voyait aussi, ne fut bientôt plus un inconnu pour lui; il se promit également d'avancer un écervelé qui se battait en lion et qui avait la prudence du serpent. Ce monarque quoi qu'on en dise, avait du bon; il aimait à se faire des créatures, se souciant peu que ses ministres en eussent. C'était peut-être moins digne, mais il y trouvait un avantage; on le servait bien et on se souvient de lui; tous les princes n'en peuvent espérer autant.

Ernest d'ailleurs s'arrangeait de façon à ne pas se laisser oublier. Il arrivait partout où l'action devait être chaude. Il n'eut jamais besoin d'aller prendre les eaux pour rétablir sa santé. Il mangeait avec les soldats, partageait leurs périls, dont il savait diminuer l'étendue par ses habiles manœuvres ; si bien qu'avec ces manières peu communes , il atteignit 1813, et fut fait colonel sous les murs de Dresde. La fortune trahissait la France. Les ennemis bientôt l'envahirent de toutes parts. Ernest combattait en désespéré, et le plus brave était également le plus fidèle. En vain les âmes lâches qui se montrent partout, quand tout est perdu, venaient murmurer à son oreille, que la cause qu'il défendait n'était point la sienne. Il leur demandait naïvement s'il y en avait une autre que celle de la France. — Mais vous êtes gentilhomme, lui disait-on. — Eh bien ! répliquait-il, je dois faire comme les Duguesclins et les Dunois. Et il combattait toujours afin de se montrer digne de son père , qui était mort en lui disant : *Ton devoir est de tout sacrifier pour ton pays , et ton pays est le sol où tu as pris naissance.*

Ernest l'entendait bien ainsi ; la vue d'un Anglais surtout lui était odieuse, et lorsqu'il apprit qu'à Toulouse plusieurs fanatiques avaient poussé le délire jusqu'à couvrir de baisers les chevaux des soldats de cette nation, il s'écria, dans sa juste colère : Grâce à Dieu, je ne suis pas noble, à la façon de ces gens-là ! Mais *ces gens-là*, comme il les qualifiait, furent malheureusement les gens d'alors. On fit la grande erreur de croire que la France existait dans ceux qui répudiaient vingt ans de gloire, et ce sont eux que l'on écouta le plus. On vit sortir de toutes parts une foule affamée de pensions, de croix, de récompenses : elle envahit tout, tandis qu'elle vantait une fidélité, qui n'était pour une partie que le simple résultat de leur inhabileté, et qui, pour les autres, ne provenait que du refus constant qu'on avait fait de les employer, malgré leurs continuelles sollicitations.

Ces vampires du gouvernement trafiquaient du pouvoir, au profit de leur intérêt et de leur haine. Ils poursuivaient tous ceux dont le mérite les offusquait ; mais plus encore étaient dévoués à leurs dénonciations, à leurs calomnies infâmes, les membres de la noblesse qui n'avaient pas voulu séparer leur cause de celle du peuple français, qui persistaient à proclamer enfans de la même famille les diverses classes de citoyens, et à prétendre que nul ne devait être privilégié. Ceux - là furent, à cause de leurs pensées généreuses, déchus des droits que leurs travaux leur avaient acquis. On les déclara transfuges de l'aristocratie, indignes d'en faire partie intégrante, ou d'être soutenus par elle. Nos princes ne ratifièrent pas, il est vrai, cette absurde sentence ; mais, comme ils ne pouvaient pas tout voir eux-mêmes, il se commit force injustices en leur nom.

Les sentimens d'Ernest avaient trop éclaté pour qu'on l'exemptât de la proscription commune. On n'avait pu d'ailleurs entraîner son père dans le torrent de l'émigration, et ce vieux grief devait être expié par le jeune colonel. Il fut de suite placé à la demi-solde ; on donna son régiment au neveu d'un ancien archevêque, qu'on disait bon militaire parce qu'il était grand seigneur, mais qui n'avait vu de feu que celui de sa cheminée, comme dirent les soldats, quand on leur annonça ce nouveau commandant.

Ernest, libre de ses actions, revint dans la demeure de sa famillle. Il n'y trouva que des tombeaux, des souvenirs et l'épée de son père. La carrière de sa vie commençait à peine et déjà il fallait la fermer! Le repos complet lui était insupportable. Une occupation devenait nécessaire, et rien ne lui disait d'être agriculteur. Il eut un instant la pensée d'aller

servir hors de sa patrie ; mais il rougit
de cette erreur et jura de ne jamais quitter volontairement le sol sacré de la France.
Après avoir réfléchi durant quelques jours
sur son avenir, il songea qu'il lui restait
vingt mille francs, fruit de ses épargnes,
et qu'il pouvait les placer dans une maison de commerce, où lui-même serait employé utilement. Ce dessin arrêté, il se
rendit dans une des villes voisines de son
manoir et demanda, non le plus riche,
mais le plus probé négociant, on lui
nomma Lubert. Ignorant l'art de parvenir à ses fins par des voies détournées,
notre colonel fut lui-même chez Lubert,
et lui offrit tout à la fois de verser dans
la caisse le petit trésor qu'il apportait,
et de s'asseoir lui-même au bureau du fa-
bricant.

On écoute toujours avec une préven-
tion favorable un jeune homme qui se présente bien ; qui joint à une taille élevée

une figure agréable ; qui pare son habit
de deux riches épaulettes , et sa poitrine
de plusieurs croix. Lubert lisait habituel-
lement le *Journal des Débats* , qui venait de changer son titre : le nom de Valtaire, plusieurs fois mentionné dans les
colonnes de la gazette , avait frappé son
regard. Il savait par quelles belles actions
Ernest avait bien mérité de son pays, et
il gémit d'apprendre qu'il n'était plus à
sa place naturelle. Espérant que peut-être
il pourrait l'occuper de nouveau, il com-
battit d'abord son désir ; mais il avait affaire à forte partie. Valtaire mettait son
orgueil à n'être pas inutile aux autres et
à soi-même ; il ne savait pas si c'était dé-
roger que de ne pas vouloir rester sans
rien faire ; il insista ; force fut donc au négociant de céder. Ernest s'installa à son
poste comme il l'eût fait à la tête d'un régiment, et six mois après il fut associé par
Lubert à une partie de ses entreprises.

Le premier jour que le colonel parut chez le négociant, il charma celui-ci par ses manières peu communes. Lubert parla de lui à sa fille en des termes propres à piquer la curiosité de cette dernière. Aline était femme, et un colonel, âgé de vingt-six ans, qui devenait commis de son père, pouvait inspirer le désir d'être connu plus particulièrement. Ce jour-là même il devait dîner chez son nouveau patron, et Aline, sans se rendre aucun compte de l'instinct qui la conduisait, mit la robe qu'elle préférait et qu'elle croyait parer mieux sa taille élégante. Deux fois enfin elle détruisit l'édifice de ses beaux cheveux blonds, qu'elle bâtissait elle-même. Elle paraissait toujours la première dans le salon, et cette fois son père fut contraint de l'envoyer quérir. Aline se présenta en tremblant. Elle croyait rencontrer un militaire de haut grade dans toute la splendeur d'un somptueux uniforme.

au regard assuré et peut-être audacieux ;
elle fut trompée dans son attente. Ernest,
en renonçant à sa profession première ,
avait trouvé inconvenant d'en garder le
costume : paré d'un simple habit noir,
d'un seul ruban noué à une boutonnière ,
il ne portait plus rien de ce qui aurait pu
caractériser ce qu'il avait été autrefois. Sa
démarche était modeste ; la douceur de
ses yeux égalait celle de son sourire ; ce
n'était point enfin par le fracas des grands
airs qu'il avait formé le dessein de plaire.

Le colonel, en demandant des renseignemens sur M. Lubert, ne s'était attaché
qu'à la solidité de son commerce : il ignorait qu'il eût une fille. Sa surprise fut
donc toute entière, quand il vit s'avancer
une ange de grâces et de perfections, à
laquelle il fut présenté d'une façon particulière par le négociant, qui déjà appréciait son nouveau commensal. Ernest n'a-
vait pas besoin d'être recommandé , son

aspect parlait assez en sa faveur. Aline, en le voyant, ne rabattit rien des éloges qu'on venait de lui donner. Elle répondit avec bienveillance à son compliment, et fut ensuite prendre au coin de la cheminée sa place accoutumée. Souvent elle jetait un coup d'œil furtif sur le colonel, qui eût prouvé à celui-ci, s'il l'eût surpris, combien on le plaçait au rang des hommes qu'on ne croit pas avoir assez examinés en les regardant une fois.

De son côté, Ernest trouva quelque plaisir à travailler pour le père d'une aussi belle personne : la présence d'Aline acheva de lui donner du goût pour sa nouvelle profession. Il se réjouissait involontairement en songeant à la satisfaction que lui procurerait la présence de mademoiselle Lubert. Le temps du dîner s'écoula pour lui avec une inconcevable rapidité. Aline causait avec modestie ; mais on devinait qu'elle pensait au delà des

simples phrases qu'elle laissait échapper.
Toujours attentive auprès de son père,
cherchant à deviner ce qui pourrait lui
être agréable, elle rappelait involontairement, par l'expression de son regard, le
beau tableau de la piété filiale, par Piétro
de Cortone. Ernest aimait les arts; aussi
n'était-il pas éloigné de les admirer dans
cette séduisante personne. Durant le repas, la conversation tourna vers là musique. M. Lubert demanda au colonel s'il
était *virtuose*, ce fut son expression; un
merveilleux aurait dit *dilettanti*. Ernest
avoua qu'il jouait de la flûte, et que cet
instrument, plus facile à transporter que
tout autre, l'avait aidé à passer agréable-
ment des heures, qui, à l'armée, l'eussent
accablé par leur longueur.

« Eh bien, monsieur, dit Lubert, vous
accompagnerez ma fille. Elle *touche* du
piano; elle chante mieux, dit-on, que
notre première cantatrice. Je ferai ma

partie sur le violon, et nous allons passer
une délicieuse soirée. »

Ernest n'était pas d'humeur à le con-
tredire ; et, malgré sa timidité naturelle,
jamais Aline n'avait eu plus d'envie de
faire de la musique que dans ce moment.
Elle se plaça devant l'instrument, ses
doigts légers en tirèrent une douce har-
monie ; elle chanta, et le colonel fut ravi.
Lui aussi eut sa part des éloges ; et le
bon homme Lubert déclara sans façon
qu'il serait difficile de rencontrer des amateurs d'une pareille force.

Depuis ce moment, Ernest, qui acheva
d'enchanter le négociant sur son compte,
fut reçu commensal de la maison. Il s'a-
donna, comme nous l'avons dit, à ses
occupations avec tant de zèle, que Lubert, s'applaudissant d'avoir rencontré
un tel aide, l'intéressa dans les affaires
de son commerce. Ernest ne craignait
aucun genre de travail. Tour à tour il

voyageait ou inspectait les deux manufactures, chéri des ouvriers comme il l'avait été de ses soldats, et toujours malgré lui poursuivi par la céleste figure d'Aline, dont l'image chaque jour le ramenait auprès d'elle; mais son respect égalait son ardeur; trop noble pour essayer de la séduire, il était trop fier pour paraître prétendre à sa main. Il contraignait ses sentimens, et si parfois ils éclataient, c'est qu'alors la passion violentait la dignité de son caractère.

Aline également pensait au premier commis de son père, qu'elle ne manquait jamais d'appeler monsieur le colonel; tandis que Lubert, moins cérémonieux, avait fini par le nommer son cher Ernest. Elle suivait ses mouvemens quand il était près d'elle, et ses courses sur la carte de France quand il voyageait pour leurs communs intérêts. Elle ne savait pas cependant si elle l'aimait d'un façon particulière; tout ce qu'elle eût pu assurer était que les autres hommes avaient toujours à perdre lorsqu'on les comparait à lui.

CHAPITRE VII.

QUELQUES ÉPINES DU BOUQUET PRÉFECTORAL.

Tu sais que monseigneur Anglès,
La faridondaine,
A peur des couplets,
Apprends qu'on en fait contre lui,
Biribi,
Sur la façon de barbari,
Mon ami.

DE BÉRANGER.

Les bas flatteurs du haut étage avaient commencé l'encensement de Monsieur le Préfet dès l'heure de son arrivée. Ceux des classes inférieures, pour nous conformer aux distinctions admises par nos tribunaux, retardèrent de quelque jour la présenta-

tion de leur hommage, qui, pour cela,
n'en eut point plus de dignité, ni ne fut
plus mal reçu. Les confréries des jardi-
niers, des boulangers, celles des autres
métiers de la ville, vinrent un matin, au
son d'une musique guerrière, complimen-
ter *le père* sur son retour parmi ses enfans ; c'était le nom de convention donné
au magistrat, et dès lors il devait être
dans toutes les bouches. On présenta au
fonctionnaire un bouquet formé des plus
belles fleurs : au milieu, dans un nid ar-
tistement tressé, reposaient deux blanches
colombes, symbole doublement expliqué,
soit par la bonté de Monsieur le Préfet
envers sa nouvelle et nombreuse famille,
soit par la touchante union qui régnait
entre lui et sa respectable moitié. Il ac-
cueillit ces bonnes gens avec une affabi-
lité particulière : il les questionna sur ce
qui pouvait les intéresser ; il chercha
même à leur répondre avec sensibilité ;

mais comme son âme un peu sèche ne lui fournissait rien de bien analogue à la circonstance, il y suppléa en posant à diverses reprises la main sur son cœur, geste sentimental fort à la mode depuis quelques années, et qu'on peut interpréter de cent différentes façons.

Les Classes plébéiennes s'étant retirées, il s'éleva une dispute assez vive entre Girmel et sa femme, au sujet du lieu où l'on poserait le superbe fagot de fleurs. Monsieur le Préfet voulait le mettre dans le salon de compagnie; madame prétendait l'avoir dans sa chambre à coucher. On venait de vanter avec tant d'affectation la concorde régnante dans cet heureux ménage, que ni l'époux ni l'épouse n'étaient décidés à se céder mutuellement leur désir. Madame de Girmel, en outre, un peu vive naturellement, interpréta mal un mouvement de Monsieur le Préfet, auquel elle soupçonna une intention usurpatrice;

pour en prévenir l'effet, elle avança la main, saisissant à son tour le bouquet, avec une précipitation qui lui devint fatale. Les roses, qu'elle aimait tant, n'avaient pas été dépouillées de leurs épines, et la belle main de la baronne fut cruellement déchirée; elle en tira une prompte vengeance, en jetant le bouquet au nez de son époux, qui fut aussitôt couvert d'un nuage anacréontique. La surprise lui arracha une expression qui n'eût pas dû sortir de sa bouche, et durant ce temps, les deux tendres colombes, effrayées de ce qui se passait, prenant leur vol au travers d'une fenêtre ouverte, furent ailleurs chercher leur modèle, qu'elles ne pouvaient plus reconnaître dans monsieur et madame de Girmel *(Historique.)*.

L'action instantanée et brusque que nous venons de décrire ne fut pas plus tôt achevée, que ses deux acteurs en demeurèrent confondus. La dame déplora sa pétulance, l'époux intérieurement convint de ses torts. Ils se rapprochèrent, et quelques éclats de rire très-appropriés au sujet les remirent de bonne humeur; l'un essuya son visage encore humide des perles de la rosée, l'autre essaya d'arracher les épines traîtresses qui avaient causé tout le mal.

Madame de Girmel n'aimait pas d'abandonner Monsieur le Préfet à une entière solitude; elle restait quelquefois dans son cabinet, travaillant derrière un paravent, où elle se retirait pour se dérober aux regards du public. Là, placée comme madame de Maintenon, elle décidait souvent les affaires les plus importantes, car elle se mêlait de tout. Ce jour-là, en gage de réconciliation, elle voulut jouir de sa prérogative, et, assise devant un métier à tapisserie, elle se préparait à écouter tout ce qui se disait dans ce lieu vénérable.

Monsieur le Préfet dépouillait dans ce moment sa nombreuse correspondance. Toutes les lettres qu'il venait de recevoir ne lui étaient pas indifférentes. Certaines appelaient sur ses lèvres un léger sourire, d'autres éveillaient sa mauvaise humeur et ces dernières, à cette fois, ne se trouvaient pas les moins nombreuses.

La première qu'il ouvrit lui était écrite par son protecteur en sous-ordre au ministère, sentinelle avancée de ses intérêts, et dirigeant la plupart de ses démarches, le prévenant de l'instant propice à demander de nouvelles faveurs, ou des orages momentanés qui pouvaient s'élever contre lui. Le commis dans son épître ne lui cachait pas que plusieurs voix, parties du département que Girmel quittait, voulaient à toutes forces parvenir aux oreilles de son excellence; que lui les arrêtait dans leur élan et que son digne ami, le Préfet, pouvait être tranquillé. Après la signature venait un *post-scriptum* ainsi conçu :

Ne vous alarmez pas trop, mon cher, si vous apercevez une teinte générale de mélancolie, répandue dans le cours de ma lettre. Je ne suis pas content ; ma femme que j'adore a vu l'autre jour un cachemire de l'Inde sur les épaules de l'épouse de mon collègue Soufflard, et depuis ce moment elle dépérit à vue d'œil. Je suis désesperé que l'état actuel de mes affaires ne me permette pas de lui passer cette fantaisie.

A la lecture de ce paragraphe, faite à haute voix, madame et M. de Girmel poussèrent un profond soupir.

« Allons, dit la première, voilà que votre protecteur veut me ravir un cadeau que vous m'avez promis tant de fois ! n'est-ce pas abominable de demander un nouveau présent avec tant d'impudeur ? A-t-il oublié le pot-à-ville d'argent, la

psyché d'acajou, garnie de bronze; la ta-
batière d'or, le cabaret de porcelaine ?
Que sais-je encore ? Ces gens-là sont
bien avides, bien intéressés ! pourquoi
n'en trouvons-nous pas qui nous ressem-
blent ? »

Monsieur le Préfet, en déplorant les
deux mille francs qu'il allait dépenser,
pour ramener la femme de son *cher ami* à
la santé et lui rendre l'appétit, convenait
intérieurement (obéissant au cri de la
conscience) qu'il ressemblait trop à son
protecteur. Mais comme ces choses-là ne
se disent jamais à haute voix, même en
famille, il fit chorus de désespoir avec
madame de Girmel.

Une autre lettre tomba sous sa main :
elle était d'un de ces intrigans de haut
parage qui vont partout, se mêlant de
tout et profitant de tout, hommes utiles
aux ministres, qui apprennent d'eux ce
que d'autres ont tu, ou qui répandent

dans le public certaines nouvelles qu'on
veut faire savoir, sans leur donner néanmoins le cachet de *l'officialité*. Ce personnage mandait à Monsieur le Préfet de
ne pas négliger de s'acquérir l'amitié du
baron de Lanol, qui était au mieux avec
une excellence dont le crédit augmentait
chaque jour. Or on saura que si , dans
le département , il était un homme sur lequel s'allumât toute la haine de Monsieur
le Préfet , ce ne pouvait être que le baron
de Lanol. D'où venait cette animosité ?
on l'apprendra peut-être. Il est certain
qu'elle existait, et on se rappellera que le
gentilhomme n'avait point paru au premier cercle de la préfecture.

L'avis reçu par Girmel ne servit pas
à ramener sa belle humeur, il se voyait
contraint à caresser, à se montrer prévenant, vis-à-vis d'un individu qu'il ne pouvait souffrir.

« Ah ! ma chère amie, dit-il alors à sa

femme, j'ai comme vous trouvé mon bouquet de roses, dont les épines me blessent cruellement. »

Chagriné au dernier point de ce qu'il apprenait, il fut tenté de cesser d'ouvrir les autres lettres, lorsque la méchante apparence d'une d'elles attira particulièrement son attention. Elle contenait, pensa-t-il, quelque demande de secours; elle paraissait écrite par une main tremblante. Il rompit machinalement le cachet, il lit... Une exclamation lui échappa! c'était une satire en vaudeville contre lui, tout fraîchement composée en dix-neuf couplets, et sur l'air de M. Denis. Il faillit, en la lisant, mourir d'indignation et de rage. Madame de Girmel qui voulut la voir, malgré lui peut-être, partagea son affliction et sa colère.

— « Ah ! les libéraux, disait-il, en frappant du pied, les misérables ! comme ils se vengent ! car, madame, ne vous y trompez point ; les seuls ennemis du gouvernement peuvent ainsi outrager l'un de ses serviteurs les plus zélés, les plus fidèles. Comme tout cela est faux, est odieux ! ce couplet-là, surtout, ce couplet ! il suffirait à faire perdre la tête. »

— « Il est vrai, répliqua madame de Girmel, que ce couplet a quelque chose d'atroce; peut-on dire de vous :

> La république, la loi,
> Les empereurs et le roi,
> Il sert tout également,
> Très-fidèlement ;
> Jusqu'au Musulman
> Qui le verrait son valet
> Si jamais il débarquait.

C'est une affreuse injustice ! vous n'avez jamais cessé d'être dévoué à la famille des Bourbons, et si quelquefois vous parûtes abandonner les princes en apparence, c'était pour mieux les servir en réalité. »

6.

— « Assurément, madame, ce fut toujours là mon unique intention. Mais ce malicieux vaudeville! le voilà pourtant! il doit être déjà dans toute la cité; il va parcourir le département, la canaille le chantera dans les rues, et nos bons amis dans les salons. »

— « Je ne puis croire une chose pareille, on vous aime trop pour vouloir vous affliger. La bonne compagnie sera profondément peinée de cette grossière satire. »

— « Vous la connaissez alors bien peu, cette bonne compagnie, si vous avez d'elle une pareille opinion; ce ne sera pas chez elle que je serai le moins déchiré. »

— « Ne vous tourmentez pas tant, la police est alerte, employez-la, soit à faire taire les chanteurs, soit à découvrir le nom du coupable; alors, tombez sur lui de tout votre pouvoir. Le coup est assurément parti de la plume d'un constitutionnel; vous pourrez donc le punir, sans que rien s'y oppose. Ce sont des êtres haïs de Dieu et des hommes, j'espère qu'on ne tardera pas à les placer hors du bénéfice de la loi commune. »

Monsieur le Préfet, véritablement indigné contre le téméraire auteur de la chanson, chercha de son mieux à le connaître : ses soins furent inutiles. Il apprit seulement que presqu'à l'heure où il la recevait, le baron de Lanol en avait chanté plusieurs couplets à trois de ses intimes amis. L'un de ceux-ci voulait une perception et il conta l'anecdote; mais comme elle ne pouvait servir utilement le courroux du magistrat, l'ami en fut pour la honte de sa dénonciation ; il n'obtint pas la place qu'il sollicitait. (*Historique.*)

Cependant, dès lors le soupçon plana sur la tête du baron, auquel Monsieur le préfet, bien à contre-cœur, avait été obligé de faire bonne mine ; il l'avait eu enfin dans

son salon, ce personnage important, sans
pour cela conquérir son amitié. C'était
là une des plus piquantes épines dont le
magistrat avait été percé. Son propre fils
ne tarda pas à le piquer d'une autre, dont
la blessure fut plus longue à guérir.

J'ignore si nous avons dit que le chevalier Adolphe de Girmel était encore à
Paris lorsque ses parens prirent possession de leur préfecture. On l'attendait
tous les jours avec impatience, tant on
était empressé de le mettre en présence
de mademoiselle Lubert. Aussi ce fut
avec un excessif contentement qu'on le
vit arriver.

Après avoir donné aux siens les marques de sa tendresse, il se hâta de leur
parler de son voyage et des aventures de
route ou d'auberge qui avaient pu l'é-
gayer. La plus agréable pour lui, sans
doute, était la rencontre d'un gentilhomme, autrefois colonel, qui venait

comme lui au chef-lieu de la préfecture.

— « Je suis charmé, mon fils, dit M. de Girmel, que vous ayez jeté les fonde-mens d'une pareille liaison. Il vaut mieux, dans le temps présent, se lier avec un gentilhomme qu'avec un roturier. Et le respectable militaire.... »

— « Respectable, mon père, par ses vertus, sans doute, mais par son âge, nullement; ses années, je le crois, dé-passent de peu les miennes. »

— « Ce sera plus agréable pour vous, et quel est le n$_o$. de son régiment. »

— « Il est à la demi-solde. ».

— « Ah! j'entends, issu d'une grande famille, il aura repris du service quand nous avons fait la paix. »

— « Eh! non, mon père; après plusieurs campagnes toutes glorieuses pour lui, il a été remercié au retour du roi.

— « Adolphe, prenez garde à ce que vous dites, votre ami pourrait bien être alors un de ces nobles maladroits, qui préfèrent l'intérêt de tous à leur intérêt particulier, sont rejetés de leur classe à cause de cette folie, et dont la fréquentation n'est pas sans danger. »

— « Tout ce que je puis vous dire sur son compte, c'est qu'à des manières parfaites il joint un esprit agréable, et qu'il possède divers talens. Vous le jugerez d'ailleurs vous-même, car je présume que je le verrai beaucoup. »

Ce récit ne contentait pas Monsieur le Préfet, mais il fit rire mademoiselle Célénie. Cette jeune personne avait le cœur d'une extrême sensibilité ; elle ne pouvait ouïr un soupir sans y répondre par un autre, et chaque fois qu'on lui avait dit sérieusement je vous aime, elle avait voulu être de moitié dans ce tendre sentiment. L'amour, ses plaisirs, ses peines, faisaient l'occupation de sa vie. Elle avait formé dans son imagination la chimère d'un amant tout céleste, et, pour le rencontrer, elle le cherchait malheureusement parmi de bien terrestres personnages.

CHAPITRE VIII.

> Cœurs sensibles, cœurs fidèles
> Qui blâmez l'amour léger,
> Si ce dieu porte des ailes,
> N'est-ce pas pour voltiger?
>
> Beaumarchais, *Mariage de Figaro.*

Mademoiselle de Girmel, comme nous l'avons dit à la fin du précédent chapitre, avait au fond du cœur une sensibilité extrême; elle attendait son bonheur de l'amour, et, par une fatalité désespérante, elle ne pouvait le découvrir nulle part; en vain le cherchait-elle avec constance, il lui échappait toujours. Plus elle multipliait ses tentatives, plus elle était malheureuse. Elle allait çà et là, demandant une âme digne d'être mise en rapport avec la sienne. Elle croyait l'avoir trouvée durant les premiers jours d'une nouvelle passion, mais avant la fin du mois le charme était détruit ; elle demeurait toute surprise de ne plus signaler qu'un homme ordinaire dans celui qui d'abord lui avait paru le Phénix enfin rencontré, et voilà que sur nouveaux frais il fallait se remettre en route, et tenter encore la fortune qui ne se lassait pas de tromper Célénie, et qui toujours la ramenait dans le cercle dont elle ne pouvait s'éloigner.

Que de femmes plaindront notre héroïne ! Elles apprécieront ses angoisses, la peine qu'elle prenait. Elles, également, savent ce qu'il en coûte pour se livrer à une sympathie anticipée. Il arrive parfois

de très-désagréables incidens à la suite
d'une passion mal entamée. Il y a nécessité à la renoncer, et des hommes très-
indélicats, incapables de raisonner sur le
malheur d'une position pareille, ne craignent pas de crier à l'inconstance, à la coquetterie, lorsqu'on ne devrait voir, dans
ces hésitations, dans ces changemens
multipliés, que le désir de mieux être,
que le besoin de s'accorder parfaitement
avec son ami; son ami, entendez-vous?
On ne demande que de l'amitié d'abord;
est-ce la faute de la dame si le cavalier
prend tout au sérieux, et si sa vivacité
condamnable entraîne l'amie en des démarches qui semblent annoncer de l'a-
mour? Les hommes ont toujours tort;
ils ont une impatience naturelle qui les
porte à brusquer le dénoûment; et,
comme ils ont en partage la force et l'im-
portunité, ils égarent, ils entraînent de
sensibles beautés qui, après la folie ter-

minée, ouvrent de grands yeux et se disent : eh bien ! je ne voulais pas aller aussi loin avec lui, il m'a fait perdre la tête ; mais il n'a pas conquis mon cœur. A la suite de ces paroles on se retire, bien persuadée que le vainqueur n'a presque rien obtenu, puisqu'il n'a pas triomphé de l'âme, et l'âme est tout, et la matière n'est rien. Ah! que les femmes en général sont platoniciennes !

Célénie avait quinze ans lorsqu'elle débuta sérieusement dans le monde. Madame sa mère avait bien avant décidé, dans sa sagesse que la jeune fille ne devait point être ensevelie dans un couvent. « Qu'y apprendrait-elle ? à dissimuler, à pratiquer des vertus très-inutiles. Une personne faite pour vivre dans la société doit y paraître de bonne heure, afin d'en bien prendre les manières et les usages. Célénie ne me quittera pas ; elle passera ses journées avec ses maîtres, sous ma haute surveillance; le soir, elle m'accompagnera dans mon salon, elle y parlera peu, elle écoutera beaucoup et insensiblement son éducation sera complète. »

C'était là puissamment raisonner. Il faut, pour se charger soi-même de veiller sur sa fille, avoir une volonté très-prononcée de ne jamais s'en séparer. Il convient en outre de ne négliger aucune des pratiques auxquelles on veut la soumettre; on doit constamment lui donner l'exemple qu'elle doit suivre. Car est-il rien de plus pernicieux que d'agir en présence des enfans autrement qu'on parle, de leur commander l'observance des préceptes que l'on ne respecte pas. Peut-on se flatter que leurs âmes attentives à tout ce qui les frappe, parce que tout est neuf pour elles, fermeront les yeux sur une portion des démarches de leurs parens pour ne voir précisément que celles dont elles doivent faire leur

profit. Tant de sagesse ne peut leur avoir
été distribuée en partage ; elles préfèrent
ce qui les charme et ce qui leur conviendrait, et, comme le mal se présente toujours sous une enveloppe agréable, on
court à lui, laissant la raison souvent
maussade, et le devoir toujours grondeur.

Madame de Girmel, par exemple, ne
croyait pas en Dieu, disait-elle, et elle
désirait que sa fille eût des principes reli-
gieux. On envoyait Célénie à l'église, et sa
mère n'y paraissait jamais. Au retour d'un
sermon, elle entendait disserter sur un
point dont le Système de la nature formait
la base, et lorsque son directeur avait cher-
ché à lui inspirer de pieuses pensées,
voilà qu'elle entendait lire à haute voix
un chant de la *Guerre des dieux*.

« Mademoiselle, lui disait sa mère,
pourquoi ne portez-vous pas un fichu
plus épais. » Et madame de Girmel, en
parlant ainsi, tandis qu'elle était à sa toi-

lette, se plaignait que la tailleuse n'eût pas assez échancré une robe qui pourtant découvrait les épaules jusqu'à la moitié du dos. « Fuyez le vice, il rend méprisable, aimez la vertu, elle vous fera respecter, » ajoutait la baronne; et le même soir, dans le salon de la préfecture, à peine adressait-on la parole à une mère de famille, l'honneur de son sexe, tandis que toutes les attentions étaient prodiguées à une femme impudique, qui en était l'opprobre et le *caput mortuum*.

Célénie avait de l'esprit, une imagination active; elle examinait tout avec attention, tenait un registre exact des inconséquences de madame sa mère, et se disait tout bas : « Bon, la voilà qu'elle cause de bien près avec le gros colonel qui déplaît tant à mon père; elle ne songe pas à tout ce que celui-ci lui a dit contre cette familiarité. A mon tour, lorsqu'il me plaira de me conduire à ma guise, je ne m'en tourmenterai pas, pourvu que je puisse le faire sans qu'elle me voie. » Les bonnes dispositions, comme on peut l'apprécier, germaient dans cette jeune tête. Madame de Girmel ne s'en apercevait pas. Partant toujours du principe que sa fille devait vivre dans le monde, elle la mena, dès l'âge de douze ans, aux grandes assemblées, elle lui permit de prendre place dans un bal, et certes c'est là une parfaite école pour ouvrir le jugement d'une jeune personne, et lui inspirer de la retenue, de la modestie, la haine de la frivolité, l'amour de la vie calme et retirée.

Célénie se couchait tard, pouvait-elle se lever de bonne heure pour se livrer à ses travaux journaliers ? Madame la baronne dormait aussi lorsqu'elle eût dû présider aux leçons données à sa fille; elle s'en faisait rendre compte, il est vrai, par des maîtres complaisans. Eussent-ils eu

la hardiesse de rien dire à la *Préfette*
qui pût la contrarier ? elle n'entendait
qu'un concert d'éloges au sujet de son
enfant : celle-ci chantait à ravir, elle pin-
çait de la harpe mieux qu'une fée, Gé-
rard eût envié la pureté de son crayon
et madame Gardel n'eût pas dansé certainement la gavotte comme elle. D'après
de pareils récits, il n'y avait qu'à se féli-
citer des résultats d'une si parfaite éducation; elle était complète; elle donna
les fruits qui devaient en provenir.

Nous venons de le dire plus haut, Célénie ainsi élevée, à qui depuis trois ans
on ne cessait de répéter qu'elle était jolie,
s'avisa un beau matin de se persuader qu'a-
vec une si charmante figure, il était très-
convenable qu'elle eût un cœur à l'avenant.
Et que faire d'un cœur bon et sensible si
on ne le place pas ! nul n'en parle lorsqu'il
se tient immobile; il faut qu'il se montre
pour, lui aussi, mériter des éloges que

certes on lui devait pareillement. La jeune fille avait vu la conduite de nombre de dames ; elle éprouvait un vague désir, une inquiétude mélancolique dont encore elle ne connaissait pas les motifs : souvent, dans les salons de la préfecture, ses regards distraits s'étaient portés sur d'aimables cavaliers, petillans d'esprit, riches de grâces, et d'une tournure délicieuse. Plus d'un, balancé entre la crainte de s'attirer l'animadversion de Monsieur le Préfet en essayant de plaire à sa fille, et le désir d'être le premier conquérant des affections de celle-ci, avait, par des regards enflammés, essayé de parler à la belle. Des regards bien tendres ont une expression facile à reconnaître ; on sait tout d'un coup ce qu'ils veulent dire : c'est un langage qui, quoique muet, est parfaitement entendu. Célénie n'eut pas de peine à le comprendre ; mais d'abord elle ne le témoigna pas.

Quelle que soit l'impéritie des parens et la folie de leur conduite, une jeune fille, retenue par la modestie naturelle qu'on a laissé obscurcir, redoute le danger d'une première démarche imprudente; elle résiste à ses penchans, elle combat, guidée qu'elle est par un sentiment de pudeur dont elle a quelque peine à s'affranchir : les passions tumultueuses viennent à leur tour combattre en elle contre elle-même; la mêlée s'engage, et presque toujours les bons principes sont vaincus. Célénie résista d'abord à ses désirs, elle voulut les comprimer, elle lutta durant un peu de temps; mais force fut à elle de céder. Elle était chaque jour attaquée, soit au dedans, soit au dehors; seule, sans appui, sans bons conseils, sans exemple, elle devait enfin succomber, et le cas arriva. Mais quel fut son vainqueur? qui eut la gloire de triompher le premier? Fut-ce un beau sous-lieutenant

de hussard? un incroyable de l'endroit?
un poëte bien romantique?... Non, en
vérité, ce fut.... Nous n'osons pas le dire,
dans la crainte qu'on ne se moque de
nous, ou qu'on ne veuille croire que
nous tendons à ramener les coutumes de
l'ancien régime; et celle-là n'est certes
pas la plus respectable. Il est donc décidé que nous ne nommerons pas l'heureux
mortel : tout ce que nous pouvons avouer,
c'est qu'il n'était pas destiné, par son
état, à servir les dames, et que de plus
graves occupations devaient employer
tous ses instans.

Voilà un choix très-bizarre; nous n'y
pouvons rien : historien véridique, nous
racontons ce qui est venu à notre connaissance, ce que nous n'avons cru qu'a-
près avoir pris les plus sages précautions
pour ne pas être induit en erreur; il fallait agir ainsi, car la matière que nous
traitons est délicate, et de charitables

âmes seraient là toutes charmées de nous prendre en défaut.

Voilà Célénie toute entière sous le charme d'une première passion, et réduite néanmoins au désagrément de faire les premières avances. Bon, nous dira-t-on, et pourquoi s'il vous plaît faut-il qu'elle oublie si complétement la retenue de son sexe? parce que mademoiselle de Girmel était, dans le très-petit chef-lieu de la préfecture que son père avait alors, dans la position des reines, des princesses qui annoncent leur choix à l'heureux mortel qu'elles ont distingué. La fille d'un Préfet! c'est vraiment une très-grande dame aux yeux d'une foule de bons bourgeois, de petites gens qui n'ont pu encore se bien mettre dans la tête qu'un homme en vaut un autre, et que finalement un Préfet, à part l'exercice de ses fonctions, n'a personnellement rien qui le mette au-dessus de ses administrés. Mais ceci est un peu obscur aux yeux de force individus; il en est que la moindre lumière éblouit; ils sont à genoux devant l'habit brodé d'un Préfet; ils ramperaient à plat-ventre à l'aspect d'une Excellence, qui pourtant n'a rien de la divinité. Célénie devina que son Adonis en longue robe connaissait trop bien la distance qui le séparait d'elle pour oser concevoir la pensée de la franchir. Il pouvait l'adorer de loin, mais de près il gardait un profond silence; à peine même s'il osait laisser parler ses yeux.

Mademoiselle de Girmel, dont la bonté était extrême, trouva les moyens de rapprocher son ami de l'appartement qu'elle occupait. Un adroit prétexte fut mis en œuvre; et si nous voulions tout dire, nous pourrions raconter de belles choses au lecteur; nous nous tairons néanmoins, attendu que nous sommes dans une situation difficile, entre la vérité qui nous presse et les égards que nous devons à l'habit du jeune audacieux. Cette intrigue, dont on causa un peu dans la ville, n'éclaira pas la prudence maternelle de madame Girmel; elle ne voulait voir que le côté innocent des entrevues. Mais un fonctionnaire très-éminent, qui ne résidait pas au chef-lieu de la préfecture, et qui avait des droits sur le jeune homme, n'eut point la même indulgence que la baronne; il chassa le beau garçon de la demeure où on l'élevait à de plus dignes fonctions, et voilà Célénie tout à coup séparée de son amant.

Cette brutalité du fonctionnaire causa d'abord une vive émotion à la sensible amie; elle faillit mourir de douleur, et son désespoir dura au moins quinze jours. Il eût été plus loin peut-être, lorsqu'un nouveau régiment de cavalerie vint se mettre en garnison dans le chef-lieu. Au

premier coup d'œil, on ne voit pas trop
quel adoucissement une translation militaire pouvait apporter aux chagrins de
l'âme; avec un peu de réflexion on le de-
vinera. L'amant qui partait avait porté
un vêtement bien lugubre, les officiers
qui arrivaient étaient vêtus d'un riche et
élégant uniforme; ce qui était beaucoup
plus gai. Ils flattaient naturellement les
regards, et de brillantes couleurs, d'écla-
tantes dorures disposent peu à peu au
calme d'abord, et puis à la joie; c'est ce
qui arriva dans cette circonstance, et ce
qui a eu lieu pareillement en plusieurs
autres, comme certainement nos lectrices
en général en conviendront.

Il y avait dans le régiment un jeune
capitaine de vingt-quatre ans, porteur
d'une charmante figure que paraient un
superbe coup de sabre, de petites mous-
taches brunes, une chevelure naturellement bouclée, des yeux d'une vivacité,

d'une impertinence sans pareille, une taille élancée, des formes que dessinait à ravir un pantalon collant ; tout enfin se réunissait pour faire du chevalier de Merville un étourdi très-intéressant. Quant à de la tenue dans le monde, il ne fallait pas lui en demander ; militaire avant l'âge de quinze ans, élevé au milieu des armées, il ne savait que se battre, déraisonner et aimer ; non pas aimer en abbé par exemple, mais à la dragonne, à la hussarde, en furieux, en écervelé, en extravagant ; il croyait, ce maître fou, que parce que son souverain prenait les villes, les royaumes en courant, il devait, lui, plaire et triompher dans la même journée ; rien n'était audacieux comme sa confiance en ce point ; il en était si convaincu, que bien souvent il finissait par le persuader aux autres.

Voir Célénie, en être amoureux à en perdre la tête, fut pour Merville l'affaire d'une seconde. Il s'informe de l'état des choses, si le cœur est pris ou s'il est à prendre. On lui conte que, nouvelle Ariadne, mademoiselle de Girmel pleurait un amant qui s'était éloigné, et que cet amant était.....; au mot prononcé, voilà l'officier parti d'un éclat de rire qui fit retentir la voûte du salon; il commença par se réjouir, puis, sérieusement il demanda si par une confidence pareille on n'avait pas voulu le mystifier, et quand il fut certain que la chose était véritable, sa gaieté se ranima sur nouveaux frais. Certes, si jamais il avait été assuré de plaire, ce fut bien en cette circonstance. Il se hâta de courir auprès de la belle éplorée, et débuta par un chapelet d'extravagances telles, que tout à coup les larmes disparurent des yeux de Célénie, et qu'elle trouva en effet que le meilleur moyen de se consoler de la perte d'un amant aimé, était celui d'en prendre un autre. Pouvait-elle mieux choisir? non sans doute; Merville le lui prouva, et la pauvre fille en demeura persuadée. C'est que dans le fond elle avait beaucoup de fermeté dans le caractère; la nature d'ailleurs la destinait à courir glorieusement la carrière de la coquetterie.

Le mystère n'était pas ce que pouvait chercher le chevalier de Merville; il lui semblait tout naturel de raconter à ses amis les bonheurs qui lui survenaient, et comme il avait un bon caractère, et qu'il était par suite intimément lié avec tous les officiers du régiment, un secret, lorsqu'il le confiait, devenait aussitôt une chose presque publique. Ses amis ne possédant pas d'ailleurs sa discrétion, le bruit ne tarda pas à se répandre que mademoiselle de Girmel s'était plue à rendre justice au mérite du capitaine Merville, et qu'elle avait oublié pour des épaulettes le malheureux qui naguère

encore possédait toute son affection.
Cette nouvelle fit réfléchir le corps des
officiers; ils conclurent, après mainte dis-
cussion, qu'une belle capable en quinze
jours de donner deux fois son cœur, pouvait bien finir par ne plus compter avec
ses adorateurs. Chacun, dès lors, se li-
vra à la plus douce espérance, et l'on
patienta, car on demeura convaincu que
Merville ne serait pas le favori éternel.

Célénie se sentait néanmoins une forte
inclination pour lui; elle l'eût aimé peut-
être beaucoup plus long-temps qu'elle
n'avait fait à l'égard de son prédécesseur, si au bout d'un peu de temps elle
ne se fût aperçue que l'amour qui ne
s'appuie sur aucun solide fondement ne
peut être de longue durée. M. le chevalier de Merville était assurément un fort
joli cavalier, mais il y avait dans le régiment des figures qui valaient la sienne,
et le cher ami manquait d'esprit; il fai-

sait un tapage épouvantable; ce n'était que du bruit, il ne déparlait pas, èt cependant il ne disait rien. D'ailleurs le gout du romantisme commençait alors à naître, et Célénie voulait un amant qui la rendît illustre. L'officier n'en avait pas les moyens, et malgré son grand sabre, sa mine héroïque, un poëte du canton lui coupa l'herbe sous les pieds.

Non loin du chef-lieu, dans une ville qui briguait l'honneur d'obtenir la sous-préfecture qu'une mesure désastreuse ne lui avait pas donné, plusieurs Génies modernes s'étaient réunis fièrement en académie, et, dignes prédécesseurs des bons hommes de lettre, étaient de la même force pour le moins. Parmi les élus au fauteuil provincial, les belles de la contrée remarquaient le jeune Dumont, poëte élégiaque, amateur des tombeaux, qui ne travaillait dans son cabinet qu'en présence de quelques ossemens humains, et

sous un dais formé par des draperies noires
semées de larmes d'argent, une lampe
d'albâtre, un vieux casque, une cuirasse
rouillée, deux ou trois épées de cheva-
liers; le tout, acheté à l'encan d'un théâtre
en faillite, complétait l'ameublement de
la pièce où l'élève des muses se livrait à
ses inspirations. Rien ne manquait audit
seigneur de tout ce qui compose le romantique de première classe; il haïssait
Racine, attendu qu'il était froid, disait-il.
Boileau était l'objet de son souverain mépris, Parny était trop naturel, Bertin trop
facile; mais Young était son dieu; il avait
élevé un autel de plâtre à Shakspeare; il
se nourrissait d'Ossian, et jamais il ne se
mettait à l'ouvrage qu'après avoir au
préalable répandu de l'encens sur des
charbons, afin de se perdre dans les nua-
ges comme un digne enfant des dieux.
Certes, de nos jours on n'eût pu mieux
faire, et avec moins de talent, moins d'o-

riginalité même, on ne laisse pas que de réussir.

Nous ne ferons pas connaître les écrits de ce poëte, on en trouvera l'équivalent dans tel ou tel recueil que je ne veux pas nommer, attendu qu'il ne faut se brouiller avec personne. Mais tant il y avait, que les vers de Dumont étaient très à la mode dans le département, où l'on rencontrait un certain nombre d'Elvire, de Corinne, d'Adèle, de Zoé, toutes enchantées d'être les objets des élégies du poëte, qui pleurait en rimant mieux que personne, et qui, mélancolique dans son cabinet, portait à table un appétit solide, et dans les cercles une extrême gaieté. Célénie avait lu ses ouvrages, adressés à des femmes, qui, dans l'opinion de mademoiselle de Girmel, étaient fort au-dessous de sa propre beauté. Les journaux répétaient ces noms enchâssés en des phrases harmonieuses, et le sien n'était pas cité; il y avait là de quoi mourir de dépit et d'envie; aussi, pour acquérir de la gloire, le militaire reçut son congé, et l'on entama une intrigue sentimentale avec l'auteur à sentiment. Dumont jouit de ce bonheur, il le célébra dans vingt pièces de poésies, qui eurent toutes un grand succès. Il rimait encore les vertus fidèles de sa maîtresse, lorsque celle-ci avait déjà pris la volée; un conseiller-auditeur le déposséda dans le cœur de Célénie. La belle, rassasiée d'encens, voulut savoir comment aimerait un apprenti magistrat; elle croyait trouver un Potier sous une robe rouge; mais, n'y ayant vu au bout de quelque temps qu'un fat sans raison, elle se rejeta dans la carrière, et elle recontinua ses recherches. Nous ne les désignerons pas toutes, nous en avons assez

dit pour faire apprécier celle qui est des-
tinée à jouer un rôle principal dans cette
histoire. Sur ce, revenons à Monsieur le
Préfet qu'il ne fallait pas quitter si long-
temps.

CHAPITRE IX.

LES VISITES.

> Une froideur, une incivilité qui vient de
> ceux qui sont au-dessus de nous, nous
> les fait haïr ; mais un salut, un sourire
> nous les réconcilie.
>
> La Bruyère, *Caract.*, chap. IX.

Adolphe de Girmel avait fait, on doit
en convenir, une singulière rencontre,
celle d'Ernest de Valtaire : destinés par un
jeu de la fortune à devenir rivaux, il fallait, pour plaire à la capricieuse déesse,
qu'ils débutassent par être amis. Adolphe

ne brillait point par son esprit, mais il avait reçu du ciel un assez heureux caractère. Il était ce que dans un certain monde on appelle un bon enfant; il aimait beaucoup le plaisir, assez peu l'étude. Si bien que malgré les désirs de son père et l'éducation qu'on lui avait donnée, il était demeuré inhabile à suivre aucune carrière, et néanmoins on le trouvait propre à toutes, tant que Monsieur le Préfet aurait du crédit.

Le colonel Ernest était sans répugnance à se lier avec le jeune Girmel. Il savait que quelque intimité existait entre le chef de sa maison de commerce et le haut administrateur; aussi n'hésita-t-il pas à répondre affectueusement aux prévenances d'Alphonse; et peu susceptible de faire attention aux règles du cérémonial, il ne craignit pas de compromettre sa dignité, en venant le premier chercher son compagnon de voyage.

Adolphe, charmé de cette prévenance,
y répondit par l'accueil dû au colonel.
Il lui proposa, après avoir causé assez
long-temps ensemble, de descendre dans
l'appartement de M. de Girmel, « qui,
lui dit-il, est très-impatient, ainsi que la
baronne ma mère, de faire connaissance
avec vous. » La famille d'Adolphe ignorait
qu'Ernest eût quitté les armes pour le
commerce, et plus encore qu'il fût devenu
le commensal du manufacturier Lubert.

Ernest, comme nous l'avons dit, était
fait pour plaire dès le premier abord.
Monsieur le Préfet, qui comptait traiter
cavalièrement un colonel en disgrâce,
éprouva malgré lui ce respect forcé que
commandent toujours un beau physique
et des manières distinguées. Madame de
Girmel demeura charmée du *grand air
de ce gentilhomme*. Mais celle qui res-
sentit le plus vivement l'impression pro-
duite par la présence d'Ernest, fut l'in-

flammable Célénie. Elle examina son port et sa tournure autant qu'Aline avait pu le faire. Elle crut avoir enfin rencontré en lui l'original de la fantastique figure qu'elle s'était créée. Ceux qui jusqu'alors avaient parlé à son cœur en furent effacés par deux yeux d'une bien plus parfaite éloquence. Ernest ne devina point le sentiment qu'on lui vouait déjà : il conversait avec le fonctionnaire, et lui racontait brièvement l'histoire de sa vie.

Il parlait bien ; mais le sujet de la conversation effrayant quelque peu Monsieur le Préfet, celui-ci était là, tout debout, écoutant immobile un homme qui ne craignait pas de faire l'éloge du gouvernement tombé ; qui admirait des actions déclarées coupables par le parti maintenant vainqueur, et qui s'honorait lui-même d'avoir pris la portion de tant de gloire. Un tel caractère, une si noble franchise, le surprenaient au dernier point ; il n'a-

vait vu autour de lui que dès êtres de sa
trempe ; et par-dessus tout, ce qui paraissait inconcevable, c'était qu'un personnage de haute qualité pensât et parlât
de cette façon. Mais combien plus encore
ne demeura-t-il pas confondu, lorsqu'Ernest, arrivé à la fin de ce récit, raconta
que, renonçant à la carrière des armes,
il avait voulu devenir négociant, et qu'il
s'était intéressé aux affaires de la maison
Lubert.

Si nous aimions les comparaisons, il
est assuré que nous eussions dit qu'au
nom de Lubert prononcé, ainsi que pâlit
et recule le voyageur prêt à poser le pied
sur un céraste formidable, de même le
couple préfectoral éprouva un sentiment
d'effroi, et eut peine à retenir l'exclamation indiscrète qui allait lui échapper.
Une rapide pensée leur montra le beau
colonel en présence continuelle du riche
trésor qu'ils voulaient conquérir, et leur

amour paternel ne put les aveugler au point de les empêcher de reconnaître la supériorité d'Ernest sur leur fils. Le premier, dès ce moment, leur parut un spectre redoutable, un vampire même qui venait leur ravir ce qu'ils regardaient comme leur propre bien. D'une autre part, ils trouvaient quelque avantage à connaître leur ennemi, sans que celui-ci pût en aucune manière soupçonner les projets qu'ils avaient formés. Nous disons leur ennemi, car ce couple, jugeant les autres d'après lui-même, ne pouvait se figurer qu'on pût être instruit de la fortune de la jeune Aline sans chercher à la posséder un jour. Dissimulant ce qui se passait dans leur âme, ils engagèrent le colonel de Valtaire à venir souvent chez eux. Un regard de leur fille, qu'il fut contraint d'apercevoir, apprit également à ce dernier combien sa présence serait agréable à chaque membre de la famille.

« Eh ! bien, madame, dit Girmel quand il
se trouva seul avec la baronne, devions-
nous croire qu'un pareil obstacle se ren-
contrerait sur notre chemin ? Le sort, en
vérité, nous est bien défavorable : il me
semble que notre zèle, notre dévouement à la plus belle des causes, devaient
être autrement récompensés. »

Quel que fût le désappointement de
la dame, elle ne comprenait pas trop ce
que pouvait avoir de commun le destin
royal avec la présence du colonel Valtaire dans la maison du manufacturier
Lubert. Mais comme elle également re-
connaissait le péril d'une semblable con-
currence, elle prit part, sans peine, au
désespoir de son mari. Il paraissait déjà,
à l'un et à l'autre, qu'on leur enlevait
injustement ce qu'ils possédaient au
titre le plus sacré. Cet incident ramena
le Préfet vers le dépit que lui avait fait
éprouver naguère la lecture de sa corres-

pondance ; et, par suite, il songea qu'il devait un grand nombre de visites, que lui ou sa femme n'avait pas encore rendues ; il crut convenable de se décider à les faire : c'était d'ailleurs un excellent moyen pour introduire leur fils dans la demeure de la charmante Aline, à laquelle ils brûlaient de le présenter.

Ces visites oubliées jusque-là ne l'avaient pas été par ceux à qui elles étaient dues. Déjà depuis plusieurs jours la bonne compagnie avait commencé ses murmures sur un retard qu'elle taxait d'impolitesse. Madame de Tersac, accoutumée aux hommages de tout ce qu'il y avait de distingué dans *l'endroit*, calculait avec amertume qu'elle avait déjà paru deux fois aux soirées de la préfecture, et que trois fois la bonne madame de Girmel avait eu sa visite du matin. A ce grief important, articulé avec une sorte de véhémence, madame Robert crut devoir prendre le parti de sa *parfaite amie* la baronne *Préfette*, comme elle la nommait. M. de Lanol, qui était instruit de tout, lui fit observer que sa *parfaite amie* n'avait pas non plus paru chez elle; inattention peu flatteuse dans une si grande intimité surtout. Romeval, le Chef de la gendarmerie, qui dînait régulièrement tous les jours à la préfecture, afin, disait-il, d'avoir le temps de mettre au fait le magistrat de ce qui s'était passé durant son absence, convenait que le retard qu'apportait celui-ci à répondre aux prévenances dont il avait été l'objet, pouvait paraître singulier.

« Vous verrez, dit étourdiment un un jeune homme, qu'il craint, en passant dans les rues, d'entendre chanter certain vaudeville. »

— « Assurément, répliqua madame Robert, il aurait grand tort de le craindre : on le respecte trop pour lui manquer ainsi. Du reste, je me suis hâtée d'apprendre par cœur cette abominable satire; car je suis trop attachée à madame de Girmel pour vouloir garder chez moi un pareil ouvrage. »

— « Voilà, madame, s'écria le baron de Lanol, une preuve si touchante de votre affection, qu'afin de lui en faire votre cour, je la lui confierai à notre première entrevue. »

— « Vous seriez capable d'un procédé pareil, monsieur le baron! dit madame Robert en rougissant : je ne sais ce que c'est que d'aller dire en face, à mes amis, tout le bien que le cœur m'inspire pour eux. »

— « Vos amis! c'est fort bon, dit le vicomte, doyen du conseil de préfecture, qui trouvait son supérieur un peu impertinent, parce qu'il avait dépassé de quelques jours les vingt-quatre heures accordées par la loi du 26 messidor an 12 pour rendre aux fonctionnaires les visites qu'ils lui avaient faites. Mais vous devriez leur dire, madame, qu'il y a dans la ville des personnages auxquels on doit de certains égards. »

— « Il est vrai, ajouta Montmiral, que le vicomte et moi, que souvent on rencontre à la cour, devions nous attendre à un traitement différent. »

— « Parlez pour vous, mon cher Montmiral, reprit le vieux mousquetaire, toujours indigné d'être mis sur la même ligne par l'officier de gobelet; je puis suffire à ma défense. Votre place vous appelle à la cour, je le sais; mon droit seul m'en donne les honneurs, et chacun de nous y est à son rang. »

Monsieur le vicomte, reprit Montmiral, vous vous servez d'un terme que je ne puis vous passer. Je n'ai pas de *place* à la cour; mais j'y ai acquis une charge. »

En disant ces mots, d'un ton suffisant, le bon Montmiral se frottait les mains avec le contentement que produit la conviction d'avoir remporté la victoire.

Courmartel ne répliqua pas, satisfait qu'il était d'avoir rétabli la ligne de démarcation qu'il croyait exister entre lui et le deuxième conseiller de préfecture.

Cependant la conversation conservait une égale activité dans les autres parties de la salle. L'amour-propre mis en jeu ne tarissait pas pour se défendre contre ce qu'il appelait le manque d'égard des *gens* de la préfecture ; car, tant était grande la colère, qu'on ne disait plus *Monsieur le Préfet*. Parmi les plus acharnés à critiquer le premier fonctionnaire, on pouvait compter la maîtresse de la maison, tandis que le baron de Lanol, qui peut-être aimait moins que les autres M. de Girmel, était précisément celui qui prenait sa défense avec le plus de chaleur. Il connaissait son monde, ce gentilhomme-là ; il savait que le meilleur moyen de faire jaser en mal sur le compte de nos ennemis est celui d'avoir l'air d'en dire soi-même un peu de bien.

Au milieu de la clameur publique, on répétait toutes les anecdotes peu agréables qui avaient circulé sur le compte du couple malhonnête. Ce qu'on pardonne le moins en province, est la négligence des visites ; et les familles préfectorales sont toujours coupables sur ce point. D'une part il y a trop de susceptibilité sans doute, mais de l'autre, certainement, trop d'orgueil et de confiance en la supériorité du pouvoir.

Plus les récits devenaient piquans, plus la chronique prêtait au scandale, plus le cercle se rapprochait. *Entre nous autres*, commençait à dire chaque interlocuteur, *nous pouvons raconter ce qu'on taisait aux autres*; et, après ce préambule de rigueur, la providence sait combien la charité chrétienne était peu observée par des gens qui pensaient si bien. Un des assistans, c'était le directeur des douanes, avait commencé une histoire de nous ne savons quel conscrit, dont le père avait payé assez chèrement la réforme, lorsque tout à coup les deux battans de la porte furent ouverts avec tant de fracas et de précipitation, que les dames, à demi effrayées, poussèrent un cri de terreur. En même temps, un vieux laquais qui connaissait l'étiquette, s'avança de deux pas dans la salle : « Monsieur le Préfet ! madame la baronne de Girmel ! » annonça-t-il d'une voix grave, mais élevée.

« Monsieur le Préfet ! madame de Girmel ! » répète en cœur l'honorable assemblée. Et chacun de se lever ; et tous les hommes de présenter le fauteuil, la chaise sur lequel chacun était assis. On ne laissa pas en place le moindre cabriolet.

Adolphe et sa sœur suivaient leur père
et leur mère; ils eurent aussi leur part
des félicitations et des complimens. On
les trouvait grandis; mademoiselle de
Girmel était belle comme le jour...

.« Ou plutôt comme sa mère, » dit le
conseiller de préfecture Montmiral, tout
surpris lui-même de l'à-propos de sa
phrase, qui, de la part de la baronne,
lui valut le plus agréable sourire et un
gracieux coup d'œil.

Madame de Tersac se trouva charmée
de l'honneur qu'elle recevait; elle était
au désespoir que madame de Girmel se
fût décidée à sortir, puisqu'elle était en-
rhumée! On ne lui en voulait pas de sa
retraite, tant on prenait d'intérêt à sa
santé! Enfin, là fut débitée cette série
de mensonges que le monde est convenu
de nommer politesses. A la suite de ces
premiers propos, les divers membres de
la réunion enchérirent sur le nombre des

8.

fades complimens, contredisant avec ef-
fronterie, les uns devant les autres; ce
qu'ils venaient de dire un moment avant
celui-ci.

Comme le Préfet et les siens étaient
en cours de visites, ils ne restèrent pas
long-temps chez madame de Tersac. A
peine furent-ils partis, que la compagnie
s'évada, chacun retournant en toute hâte
dans sa demeure, afin d'avoir l'inappréciable honneur de recevoir Monsieur le
Préfet en personne. Ceux-là même qui
avaient le plus jasé contre lui, ne furent
pas les derniers à souhaiter la faveur de
sa présence.

Longue était la liste des visites que
Monsieur le Préfet avait laissé accumuler.
Il ne comptait pas, disait-il, avec ses
amis; par suite, il était demeuré en reste
envers tout le monde, et force était à lui
de se libérer tout à la fois. Après son apparition au cercle de madame de Tersac,

il se rendit avec sa famille chez M..Romeval. Ici, la préfecture fut accueillie avec un mélange de respect et de familiarité : le gendarme, avare comme défunt Harpagon, cherchait de toutes les manières à rencontrer dans la maison d'autrui ce qu'il se refusait dans son intérieur. La table de Monsieur le Préfet avait ci-devant été la sienne : ce souvenir n'était pas sorti de sa mémoire, et il voulait derechef retrouver ce qu'il avait perdu. D'une autre part, Romeval était possédé maintefois par des bouffées d'orgueil et de vanité qui se placent particulièrement chez messieurs de la gendarmerie, nous ne savons pas trop pourquoi. Plus que tous les autres fonctionnaires, ils tiennent aux égards qu'on leur doit, craignent qu'on ne les leur refuse, et paraissent dans le monde toujours en fausse position ; aussi, grande est leur susceptibilité, et nous avons connu parmi eux un

fort honnête homme, incapable d'entendre raison sur l'article de préséance; qui
n'eût pas redouté de rompre en visière
même à une dame, si par cas elle eût
négligé de le faire asseoir à son rang.

Digne en tout point de la plupart de
ses confrères, M. Romeval avait peur
souvent de fournir matière à la mali-
gnité publique; alors, dans ce moment
d'effroi, on le voyait sortir de son caractère, donner à manger, la mort dans le
cœur, et manœuvrant avec tant d'habi-
leté, qu'il offrait successivement le même
couvert à quatre ou cinq individus : refusé
par les premiers, ce qu'il savait à l'avance;
accepté enfin parce qu'il fallait que cela
fût; et ces politesses lui valaient dans la
suite une multitude de plus sérieuses in-
vitations. Romeval connaissait l'importance de sa place; il savait qu'en conser-
vant sa dignité il eût pu se rendre respectable aux yeux du haut magistrat, de

sorte qu'il usait avec lui d'un abandon d'amitié qui devait, pensait-il, jeter un vernis sur sa faiblesse réelle. Sa chaste épouse ne calculait pas aussi bien; perdue dans les soins du ménage, jalouse du Gendarme, comme si elle n'avait point passé la soixantaine, elle dévorait maintes couleuvres, et se croyait fort considérée, parce que la baronne de Girmel lui faisait constamment donner un fauteuil aux soirées de la préfecture. Elle reçut en conséquence le couple dignitaire, et celui-ci se retira très-satisfait de son début.

CHAPITRE X.

TOUJOURS DES VISITES!

Chacun a son caractère, son opinion,
sa manière de l'exprimer.

SAINT-ÉVREMONT.

LA plus belle médaille a son revers.
C'est un vieux proverbe plein de vérité,
et les Girmels en acquirent la preuve
dans leurs courses. Il fallut aller voir le
curé de la paroisse, qui déjà par trois
fois était venu visiter ses ouailles, et qui,

n'entendant point parler d'elles, était presque piqué de l'oubli qu'on faisait de lui. C'était un digne, un excellent homme que cet ecclésiastique! Entiché des libertés de l'église gallicane, plein de respect pour ses supérieurs, il voulait le bien sincèrement; il donnait tous ses soins à son troupeau dont il était véritablement le pasteur et le père. Il parlait à ravir, prêchait mieux, représentait à merveille; mais, au milieu de ces qualités, il se trouvait de légères ombres obscurcissant quelque peu le tableau. Par exemple, vingt ans après, son cœur saignait encore au souvenir de la vente des biens du clergé; il damnait impitoyablement tous ceux qui en possédaient une portion, et ne regardait pas comme sauvés les plus chauds royalistes, « car, » disait-il, en est-il un qui paie la dîme? » et dans le fait il ne s'en trouvait pas de ceux-là. M. Monard ne pouvait également

se mettre dans la tête que le clergé ne
formât plus le premier ordre de l'état ;
il entrait en fureur chaque fois qu'il devait aller toucher son traitement , c'était
une impiété que sa classe fût soumise à
la loi commune ; l'exemple du monarque
qui , comme le dernier des employés ,
reçoit son revenu du trésor de la nation ,
ne le calmait pas ; et lorsqu'en lui citant
ce digne exemple on le pressait sur ce
point , il finissait par avouer qu'un roi pouvait être beaucoup sans doute, mais qu'un
Lévite était bien au-dessus. Enfin M. Monard ne composait point avec ceux qui
n'approchaient pas de son confessionnal
ou de ceux de ses vicaires.

Madame de Girmel , non plus que son
époux, n'étaient pas d'une haute piété ,
peut-être même avaient-ils de la peine à
croire. Ils s'étaient passés sous le gouvernement impérial d'affecter des dehors
pieux ; depuis 1814 ils allaient le di-

manche à la messe ; c'était beaucoup pour
eux et presque rien pour M. Monard, qui
les voulait voir venir à vêpres et aux of-
fices de la semaine. Sa conversation
roula toute entière sur ce point important ; vainement les époux cherchaient-ils
à rompre les chiens, le curé, ferme à son
poste, revenait toujours à vanter la piété
de l'ancien Intendant de la province ; il
se rappelait que madame l'Intendante
était inscrite sur la liste de toutes les
confréries : « Elle devait l'exemple, s'é-
criait-il, et elle le donnait à toute heure ;
la bonne et sainte dame que c'était là ! »

De pareils propos contrariaient singu-
lièrement la baronne de Girmel ; plus
d'une fois, dans son impatience, elle fut
sur le point de rompre en visière à M. le
curé ; mais un retour sur elle-même, et
un regard de son mari, lui comman-
daient la prudence, et, rebelle au fond
de son cœur à tout ce que la religion en-

seigne, elle feignait de vénérer ce que toute sa vie elle avait tourné en dérision. Monsieur le Préfet, par pitié pour elle, comprit qu'il fallait abréger la visite; ils se levèrent de fort mauvaise humeur, et Dieu sait comme, lorsqu'ils furent en voiture, ils caquetèrent sur le fanatisme de l'ecclésiastique, qui peut-être avait fait son devoir.

Dans la maison voisine, une tribulation nouvelle attendait Girmel. Sa femme, plus que lui encore, venait de souffrir chez le curé, et lui eut son tour auprès de M. Durmin, l'un de ses anciens collègues en 1790 et années suivantes. Ce personnage avait fait une fortune rapide en se lançant d'une part dans les fournitures, et de l'autre, en présidant au mis des scellés sur les meubles des victimes du règne de la terreur. C'était là pêcher en pleine eau. On prenait ce qu'on savait ne pas devoir être réclamé,

et pour fermer la bouche aux gens, on
les conduisait à l'échafaud. Durmin agissait donc à l'époque où Girmel écrivait;
tous deux s'étaient perdus de vue; ils se
retrouvèrent au chef-lieu, où, le premier
trop bien connu dans sa province, était
venu chercher un asile; mais fier de ses
richesses immenses, cynique outré, ne
demandant rien, se trouvant heureux
qu'on ne lui fît pas rendre gorge, il se li-
vra, à la vue du Préfet, qui ne savait
guère dans quel logis il était entré, à une
gaieté folle, que le magistrat ne partagea
pas. Durmin, pour le désoler, lui rappelait leurs manœuvres de la bonne époque, l'amitié que le cher Robespierre
avait pour eux, leurs orgies chez Marat
et un souper fin chez Couthon qui mé-
ritait bien qu'on en conservât la mémoire.
Ces malices, dites avec bonhomie, met-
taient Girmel hors de lui; il avait tout
oublié et tout lui était remis sous les

yeux. Sa femme se mourait de confusion et de honte; la présence de leurs enfans ajoutait au commun embarras.: ils ne purent y tenir; et, se levant avec gravité, ils partirent le cœur plein de rage, poursuivis par les éclats de rire du méchant et incorrigible jacobin.

Plusieurs autres visites les dédommagèrent de ce double crève-cœur; ils rencontrèrent une foule de roseaux bien souples, bien plians, qui furent la compensation des sermons du curé et des sarcasmes de Durmin. Le Receveur général tempéra un peu leur contentement qui commençait à renaître; riche et sans enfans, il déployait dans sa demeure une somptueuse magnificence, qui rappelait celle des Turcarets d'autrefois; le bon goût n'y présidait pas toujours, mais au chef-lieu on n'est pas difficile, et quand on voit beaucoup d'éclat, on se figure que tout est bien. Le financier habitait

un vaste hôtel peuplé d'une foule de valets vêtus d'une superbe livrée; un suisse,
la hallebarde à la main, défendait les ap-
proches de la porte; des statues de bronze,
des trépieds sculptés avec art, une multitude d'immenses glaces, des tentures
du plus haut prix ornaient l'escalier et
les divers salons, les meubles en bois
précieux, les porcelaines embellies par le
pinceau de nos plus habiles artistes, une
profusion de candélabres, de lustres, de
pendules, achevaient une décoration presque théâtrale; et comme la préfecture était
loin de cette pompeuse représentation,
monsieur et madame de Girmel la regardaient presque comme une insulte qu'ils
avaient peine à digérer. La familiarité au-
dacieuse du maître de la maison, qui
mettait tous ses soins à franchir la distance placée entre lui et le premier magistrat, ajoutait au sombre courroux de
celui-ci; madame la baronne savait que

ses diamans pâlissaient auprès de ceux de la receveuse générale, et quel effet pouvait produire son petit schall de cachemire, lorsqu'on la recevait dans un boudoir entièrement tapissé de ces riches tissus de l'Inde; la conversation languit, comme on le croira sans peine, entre des personnages qui se convenaient aussi peu; ce fut avec joie qu'on se quitta, et en sortant de cet hôtel les Girmel crurent avoir recouvré leur importance que tant de luxe paraissait éclipser.

Suivrons-nous encore le Préfet dans les différentes maisons qu'il parcourut? Chez un bon bourgeois, par exemple, où son apparition mettait tout en désordre; où l'on ouvrait, à son aspect, un salon respecté durant toute l'année, et dont les fenêtres étaient constamment fermées, tandis qu'une gaze jaune, économique rempart, défendait le *trumeau* de la cheminée contre les attaques des mouches.

La dame de la maison, toute hors d'elle-même, parlait de faire allumer du feu au milieu de la canicule; tandis que son époux profitait de la circonstance pour solliciter un dégrèvement que depuis deux ans il demandait sur sa cote personnelle.

En sortant de cette maison, où la politesse poussée à l'excès prouvait que les maîtres la connaissaient peu, Monsieur le Préfet et les siens passèrent dans un vieil hôtel où s'étaient conservés intacts tous les préjugés de l'ancien régime : on le devinait dès qu'on avait posé le pied sur les degrés du grand escalier. A droite et à gauche de la rampe s'élevaient deux lions de pierre, qui ressemblaient fort à des renards; ils portaient fièrement dans leurs pates le double écusson du noble propriétaire. Le vestibule, nommé dans les bons jours salle des gardes, était décoré d'antiques portraits de famille; chacun avait reçu quelque outrage du temps ou

de la main dévastatrice des révolution-
naires. L'un ne se parait plus de la croix
de saint Louis, la mitre de l'autre était
disparue ; telle dame, représentée sous
les emblèmes de Flore, avait perdu un
œil, et l'on ne voyait qu'avec difficulté la riche parure de l'autre sous la multitude des toiles d'araignées qui la cou-
vraient.

La porte du salon était défendue contre la rigueur des vents par de somp-
tueuses portières qu'avaient autrefois bro-
dées en canevas deux aïeules du propriétaire actuel. Des tapisseries de haute
lice formaient la décoration de la grande
salle : l'une représentait une chasse au
sanglier, la seconde, le sacrifice d'Abra-
ham, et la troisième, le triomphe de
Cléopâtre.

C'était dans ce lieu que, fière de ses
anciens souvenirs, la famille de Mertange
reçut monsieur le Préfet. On ne témoi-

gna point à sa vue un empressement in-
discret. La bergère à droite fut donnée
à madame de Girmel; mais la comtesse
de Mertange n'eut garde de céder la
sienne au magistrat. Une grave civilité,
des formes aisées et non rampantes, placèrent les visiteurs dans un nouveau
monde. On leur parla des choses les plus
indifférentes, évitant de tourner la conversation soit sur les affaires politiques,
soit sur le bonheur qu'on avait de voir
Monsieur le Préfet de retour dans le département. Jusqu'alors il avait ri intérieurement du trouble que leur présence
causait, et de la servilité des hommages.
Il n'avait pas craint de croiser librement
l'une de ses jambes sur le genou oppo-
sé, ainsi qu'il en avait la familière habitude; mais dans le salon de la comtesse
il fut presque décontenancé à son tour :
ses mouvemens n'étaient plus libres; il
cédait malgré lui à la force des préjugés.

On eût dit que M. de Mertange était le Préfet, et que le baron de Girmel venait là pour solliciter une place.

Plus cette position lui était pénible, moins il devait être charmé de la prolonger. Il s'empressa d'abréger la visite, et se leva pour partir, devançant ainsi le signal que sa femme avait l'usage de donner. Celle-ci fut reconduite par la maîtresse de la maison jusqu'au tiers de la salle des gardes ; mais en revanche, le comte, poli comme un grand seigneur, lui donna la main jusqu'à sa voiture, ayant soin d'insinuer dans ses complimens que son hommage s'adressait au sexe et non à la dignité.

« Voilà une impertinente famille ! dit madame de Girmel, dès qu'elle fut rentrée dans sa voiture ; on dirait qu'ils nous ont fait une faveur de nous recevoir ; certes, je ne reviendrai plus m'exposer à une hauteur pareille. »

— « Je penserais comme vous, ma chère amie, répliqua Monsieur le Préfet, si je ne savais de bonne part que la pairie est promise au comte de Mertange ; il a de puissans amis à la cour, et son crédit... »

— « C'est très-bien, monsieur, vantez son crédit, je l'approuve ; mais du moins vous conviendrez qu'il a eu bien peu d'égards pour nous. Vous êtes le Préfet, je pense. »

— « Oui, mais il est gentilhomme. »

— « Il agissait d'une manière différente, il y a quelques années. »

— « Oh ! c'est qu'alors il n'y avait en France qu'un maître, des administrateurs et des administrés. Le système des classes n'avait pas été imaginé encore, et nul n'eût osé lutter contre la splendeur du pouvoir : était-ce plus juste ? »

Surpris d'en avoir dit autant, regrettant le despotisme impérial, Monsieur le Préfet ne put s'empêcher de regarder

par la portière si son laquais avait pu
l'entendre. Nul ne pouvait savoir mieux
que l'administrateur combien la science
de l'observation s'est perfectionnée dans
le royaume. La tournée qu'ils faisaient
dans ce moment les conduisit chez madame Robert, où déjà celle-ci était reve-
nue, attendant avec impatience la visite
qu'elle espérait. Ici madame de Girmel
retrouva tout ce qu'elle regrettait de n'a-
voir pas rencontré chez la fière comtesse
de Mertange. On lui rendit bien au delà
des honneurs dus à son rang ; on fut en
adoration perpétuelle devant elle et sa
radieuse fille. Le génie de Monsieur le
Préfet fut presque divinisé. Mademoiselle
Célénie était la première beauté de la contrée, et M. Adolphe le premier chevalier
de l'arrondissement. La flatterie est une
flèche lancée souvent par une main mal-
habile ; elle dépasse le but, sans néanmoins le manquer. Ceux-mêmes qui la

méprisent le plus sont les plus faciles à
se laisser surprendre par elle.

La baronne de Girmel, très-satisfaite
de madame Robert, quoiqu'elle eût l'air
de rire de ses basses civilités, engagea
son époux à poursuivre le cours de leurs
visites avant que d'aller chez M. Lubert,
vers lequel un aimant vainqueur les atti-
rait. Leur liste était loin d'être épuisée, un
grand nombre de noms y figuraient encore ; nous passerons sous silence une foule
de détails assez curieux concernant la
manière dont on les reçut dans toutes les
maisons où ils ne purent point laisser des
cartes. Nous nous contenterons de citer
un très-petit nombre de circonstances qui
eurent lieu en cette mémorable journée,
où les chevaux de Monsieur le Préfet,
galopant toujours dans un cercle assez
rétréci, gagnèrent justement le peu d'a-
voine que l'économe madame de Girmel
leur fit distribuer au retour.

— « Où irons-nous maintenant, ma chère amie ? »

—«Mais, monsieur le baron, nous voilà devant la porte de la famille Ponteval, nous ne pouvons nous dispenser d'y entrer ; vous savez qu'ils comptent parmi les plus importans du chef-lieu. »

Le cordon du cocher est tiré, la voiture s'arrête, les maîtres descendent, ils traversent un vestibule garni de quatre loges à bêtes. Dans la première était une chienne d'arrêt nourrissant sa progéniture, qu'elle défendait par d'horribles hurlemens. Dans la seconde, deux beaux lévriers reposaient nonchalamment couchés. Plus loin, derrière une grille, était un couple de cochons marins ; et la quatrième hutte, momentanément vide, paraissait être occupée par un utile sanglier domestique. Les Girmel, en traversant le jardin de la maison, virent fuir à droite et à gauche nombre de poules huppées, de pintades, de paons et de lapins angora, qui vivaient paisiblement ensemble. Ils parvinrent en de grands salons d'où s'échappaient aussitôt un vol de pigeons de toutes espèces qui avaient pris l'habitude de venir pondre dans tous les coins de l'appartement. Le cabinet dans lequel monsieur et madame Ponteval reçurent les illustres visiteurs pouvait à bon compte être pris pour un échantillon de l'arche de Noé. Un gros chat noir reposait sur un carreau de velours rouge, deux grandes volières renfermaient une nuée de serins, de pinsons, de tarins, de chardonnerets, de calandres, etc., qui tous chantant à la fois faisaient un charivari à ne pas s'entendre, et qu'augmentaient encore le roucoulement de quatre tourterelles et les cris aigus de deux perroquets, un gris et l'autre vert et jaune.

La présence des étrangers n'imposa

pas silence à la gent animale; vainement
un juge d'un tribunal voisin, ami des
Ponteval, essayait à coups de mouchoirs
de faire taire la tribu ailée, le vacarme
n'en continuait pas moins, et le magistrat en robe longue, malgré le plaisir qu'il
pouvait prendre à voir Monsieur le Préfet,
quitta la partie et s'en fut la tête brisée
d'un pareil tapage. Ce fut au milieu d'un
tumulte toujours croissant que les Girmel
débitèrent, et reçurent les complimens
d'usage sur leur bien-venue; ils n'enten-
daient pas un mot de ce qui leur était
dit, mais à la vue des visages rians et des
demi-saluts, ils comprirent à peu près
les civilités qu'on leur adressait. Tout à
coup un épagneul, sans respect pour la
robe blanche et brodée de la baronne,
s'apprêtait à commettre sur elle une affreuse incongruité, lorsque le pied ven-
geur de M. de Ponteval éloigne la bête
mal apprise, qui, excitée par la douleur,

pousse des jappemens répétés en chœur par tous les autres chiens de la maison.

Madame de Girmel, ne sachant que devenir au milieu de cette confusion générale, donna très-promptement le signal de la retraite, sans égard pour son hôtesse, qui venait d'entamer la troisième histoire des maladies auxquelles était sujet le chat favori, et qui poursuivit Monsieur le Préfet jusque dans la rue, en lui demandant s'il ne connaissait pas quelque drogue contre la gale des chiens.

« Ah, mon Dieu ! dit Célénie lorsqu'elle fut rentrée dans la voiture, comment peut-on vivre parmi cette armée d'animaux ? »

— « L'habitude, ma fille, fait tout, répliqua Girmel ; je suis très-convaincu que ces gens-là trouvent étranges ceux qui ne partagent pas leurs goûts : leurs oreilles sont accoutumées au bruit. »

— « Et sans doute leur odorat à la mauvaise odeur ? »

— « Tel est l'homme , mes enfans, poursuivit le fonctionnaire qui était dans une passe de réflexions; la nature lui a donné la facilité de s'habituer à tout, parce qu'elle a voulu pouvoir le placer souvent en des positions bien difficiles qui l'eussent anéanti s'il n'avait pu finir par s'en accommoder. »

La conversation s'arrêta là; il fallait se montrer chez l'érudit de l'endroit; celui-ci possédait également une collection nombreuse des habitans de la terre et de l'air, mais tous étaient ici immobiles, la mort les avait frappés; leurs dépouilles, parées souvent des plus riches couleurs, reposaient derrière des vitrages. Un cabinet d'histoire naturelle, entremêlé de porcelaines bleues, d'armures féodales, d'idoles des Indes, de momies, de tapisseries en soie et or, des tableaux tous parés d'un nom de maître célèbre, sans pour cela en être meilleurs, annonçaient que M. Santon voulait passer pour un génie universel; il raccommodait une machine électrique lorsqu'il reçut la famille Girmel; et quoique celle-ci pût faire, quelque désir qu'elle témoignât de continuer ses courses, elle dut, bon gré, malgré, assister à une longue séance d'expériences de physique, qui, selon l'usage, échouèrent presque toutes. Le professeur en accusa l'état de l'atmosphère, mais se garda bien de soupçonner que la faute provenait de son inhabileté.

FIN DU PREMIER VOLUME.

TABLE DES CHAPITRES

CONTENUS

DANS LE PREMIER VOLUME.

FIN DE LA TABLE DU PREMIER VOLUME.